Langenscheidts Verb-Tabellen Italienisch

herausgegeben von
der Langenscheidt Redaktion
bearbeitet von
Susanne Leeb, M.A.

Langenscheidt
Berlin · München · Wien · Zürich · New York

Herausgegeben von der Langenscheidt Redaktion
bearbeitet von Susanne Leeb, M. A.
Projektleitung und Redaktion: Christian Frieser

Druck: Druckhaus Langenscheidt, Berlin-Schöneberg
Printed in Germany · ISBN 3-468-34182-2

2 3 4 5 6 05 04 03 02 01

Inhaltsverzeichnis

Erklärung der grammatischen Bezeichnungen

ausil.	**verbo ausiliare** Hilfszeitwort: **avere** od. **ẹssere**
condizionale	Konditional I (Erste Bedingungsform): **comprerei** ich würde kaufen
cond. pass.	**condizionale passato** Konditional II (Zweite Bedingungsform): **avrei comprato** ich würde gekauft haben
congiuntivo	Konjunktiv (Möglichkeitsform): **se avẹssimo** wenn wir hätten
futuro	Futur I (Erste Zukunft): **comprerò** ich werde kaufen
fut. ant.	**futuro anteriore** Futur II (Zweite Zukunft): **avrò comprato** ich werde gekauft haben
gerundio	Gerundium: **comprando** kaufend
gerundio pass.	**gerundio passato** Gerundium Perfekt: **avendo comprato** gekauft habend
imperativo	Imperativ (Befehlsform): **compra!** kauf(e)!
imperfetto	Imperfekt (Vergangenheit): **compravo** ich kaufte
indicativo	Indikativ (Wirklichkeitsform): **comprai** ich kaufte
infinito	Infinitiv (Grundform): **comprare** kaufen
infinito pass.	**infinito passato** Infinitiv Perfekt (Grundform der Vergangenheit): **aver(e) comprato** gekauft haben
participio	Partizip (Mittelwort): **comprato** gekauft
pass. pross.	**passato prọssimo** Perfekt (vollendete Gegenwart): **ho comprato** ich habe gekauft
pass. rem.	**passato remoto** Präteritum (historisches Perfekt): **comprammo** wir kauften
presente	Präsens (Gegenwart): **compro** ich kaufe
trapass. pross.	**trapassato prọssimo** Plusquamperfekt (Vergangenheit): **avevo comprato** ich hatte gekauft
trapass. rem.	**trapassato remoto** Antepräteritum (historische Vergangenheit): **ebbi comprato** ich hatte gekauft
tempi composti	Zusammengesetzte Zeiten
tempi sẹmplici	Einfache Zeiten

Betonung: Wenn die Betonung eines Wortes nicht auf die vorletzte Silbe fällt, wird sie durch einen Unterpunkt gekennzeichnet.

Akzent: accento grave: à, ì, ù
è, ò (offene Aussprache, wie in ändern, Norden)
accento acuto: é, ó (geschlossene Aussprache, wie in See, Moor)

tempi sẹmplici

Indicativo

presente	imperfetto	pass. rem.	futuro
ho	avevo	ebbi	avrò
hai	avevi	avesti	avrai
ha	aveva	ebbe	avrà
abbiamo	avevamo	avemmo	avremo
avete	avevate	aveste	avrete
hanno	avẹvano	ẹbbero	avranno

Congiuntivo / Imperativo / Condizionale

Congiuntivo presente	Congiuntivo imperfetto	Imperativo	Condizionale presente
abbia	avessi	—	avrei
abbia	avessi	abbi	avresti
abbia	avesse	abbia	avrebbe
abbiamo	avẹssimo	abbiamo	avremmo
abbiate	aveste	abbiate	avreste
ạbbiano	avẹssero	ạbbiano	avrẹbbero

infinito: avere **gerundio:** avendo **participio:** avuto (+ avere)

tempi composti

Indicativo

pass. pross.	trapass. pross.	trapass. rem.	fut. ant.
ho avuto	avevo avuto	ebbi avuto	avrò avuto
hai avuto	avevi avuto	avesti avuto	avrai avuto
ha avuto	aveva avuto	ebbe avuto	avrà avuto
abbiamo avuto	avevamo avuto	avemmo avuto	avremo avuto
avete avuto	avevate avuto	aveste avuto	avrete avuto
hanno avuto	avẹvano avuto	ẹbbero avuto	avranno avuto

Congiuntivo / Imperativo / Condizionale

Congiuntivo passato	Congiuntivo trapassato	Imperativo	Condizionale passato
abbia avuto	avessi avuto	—	avrei avuto
abbia avuto	avessi avuto	—	avresti avuto
abbia avuto	avesse avuto	—	avrebbe avuto
abbiamo avuto	avessimo avuto	—	avremmo avuto
abbiate avuto	aveste avuto	—	avreste avuto
ạbbiano avuto	avẹssero avuto	—	avrẹbbero avuto

infinito pass.: aver(e) avuto **gerundio pass.:** avendo avuto

ẹssere *sein*

tempi sẹmplici

Indicativo

presente	imperfetto	pass. rem.	futuro
sono	ero	fui	sarò
sei	eri	fosti	sarai
è	era	fu	sarà
siamo	eravamo	fummo	saremo
siete	eravate	foste	sarete
sono	ẹrano	fụrono	saranno

Congiuntivo		Imperativo	Condizionale
presente	imperfetto		presente
sia	fossi	—	sarei
sia	fossi	sii	saresti
sia	fosse	sia	sarebbe
siamo	fọssimo	siamo	saremmo
siate	foste	siate	sareste
sịano	fọssero	sịano	sarẹbbero

infinito: ẹssere **gerundio:** essendo **participio:** stato (+ ẹssere)

tempi composti

Indicativo

pass. pross.	trapass. pross.	trapass. rem.	fut. ant.
sono stato/-a	ero stato/-a	fui stato/-a	sarò stato/-a
sei stato/-a	eri stato/-a	fosti stato/-a	sarai stato/-a
è stato/-a	era stato/-a	fu stato/-a	sarà stato/-a
siamo stati/-e	eravamo stati/-e	fummo stati/-e	saremo stati/-e
siete stati/-e	eravate stati/-e	foste stati/-e	sarete stati/-e
sono stati/-e	ẹrano stati/-e	fụrono stati/-e	saranno stati/-e

Congiuntivo		Imperativo	Condizionale
passato	trapassato		passato
sia stato/-a	fossi stato/-a	—	sarei stato/-a
sia stato/-a	fossi stato/-a	—	saresti stato/-a
sia stato/-a	fosse stato/-a	—	sarebbe stato/-a
siamo stati/-e	fọssimo stati/-e	—	saremmo stati/-e
siate stati/-e	foste stati/-e	—	sareste stati/-e
sịano stati/-e	fọssero stati/-e	—	sarẹbbero stati/-e

infinito pass.: esser(e) stato **gerundio pass.:** essendo stato

dovere *müssen*

Indicativo

presente	imperfetto	pass. rem.	futuro
devo (debbo)	dovevo	dovei (-etti)	dovrò
devi	dovevi	dovesti	dovrai
deve	doveva	dové (-ette)	dovrà
dobbiamo	dovevamo	dovemmo	dovremo
dovete	dovevate	doveste	dovrete
dẹvono (dẹbbono)	dovẹvano	dovẹrono (-ẹttero)	dovranno

Congiuntivo		Imperativo	Condizionale
presente	imperfetto		presente
debba	dovessi	—	dovrei
debba	dovessi	—	dovresti
debba	dovesse	—	dovrebbe
dobbiamo	dovẹssimo	—	dovremmo
dobbiate	doveste	—	dovreste
dẹbbano	dovẹssero	—	dovrẹbbero

infinito: dovere **gerundio:** dovendo **participio:** dovuto (+ avere/ẹssere)

potere *können*

Indicativo

presente	imperfetto	pass. rem.	futuro
posso	potevo	potei	potrò
puoi	potevi	potesti	potrai
può	poteva	poté	potrà
possiamo	potevamo	potemmo	potremo
potete	potevate	poteste	potrete
pọssono	potẹvano	potẹrono	potranno

Congiuntivo		Imperativo	Condizionale
presente	imperfetto		presente
possa	potessi	—	potrei
possa	potessi	—	potresti
possa	potesse	—	potrebbe
possiamo	potẹssimo	—	potremmo
possiate	poteste	—	potreste
pọssano	potẹssero	—	potrẹbbero

infinito: potere **gerundio:** potendo **participio:** potuto (+ avere/ẹssere)

volere *wollen*

Indicativo

presente	imperfetto	pass. rem.	futuro
voglio	volevo	volli	vorrò
vuoi	volevi	volesti	vorrai
vuole	voleva	volle	vorrà
vogliamo	volevamo	volemmo	vorremo
volete	volevate	voleste	vorrete
vọgliono	volẹvano	vọllero	vorranno

Congiuntivo		Imperativo	Condizionale
presente	imperfetto		presente
voglia	volessi	—	vorrei
voglia	volessi	vogli	vorresti
voglia	volesse	voglia	vorrebbe
vogliamo	volẹssimo	vogliamo	vorremmo
vogliate	voleste	vogliate	vorreste
vọgliano	volẹssero	vọgliano	vorrẹbbero

infinito: volere **gerundio:** volendo **participio:** voluto (+ avere/ẹssere)

comprare *kaufen*

tempi sẹmplici

Indicativo

presente	imperfetto	pass. rem.	futuro
compr**o**	compr**avo**	compr**ai**	compr**erò**
compr**i**	compr**avi**	compr**asti**	compr**erai**
compr**a**	compr**ava**	compr**ò**	compr**erà**
compr**iamo**	compr**avamo**	compr**ammo**	compr**eremo**
compr**ate**	compr**avate**	compr**aste**	compr**erete**
cọmpr**ano**	compr**ạvano**	compr**ạrono**	compr**eranno**

Congiuntivo		Imperativo	Condizionale
presente	imperfetto		presente
compr**i**	compr**assi**	—	compr**erei**
compr**i**	compr**assi**	compr**a**	compr**eresti**
compr**i**	compr**asse**	compr**i**	compr**erebbe**
compr**iamo**	compr**ạssimo**	compr**iamo**	compr**eremmo**
compr**iate**	compr**aste**	compr**ate**	compr**ereste**
cọmpr**ino**	compr**ạssero**	cọmpr**ino**	compr**ẹbbero**

infinito: compr**are** **gerundio:** compr**ando** **participio:** compr**ato** (+ avere)

tempi composti

Indicativo

pass. pross.	trapass. pross.	trapass. rem.	fut. ant.
ho comprato	avevo comprato	ebbi comprato	avrò comprato
hai comprato	avevi comprato	avesti comprato	avrai comprato
ha comprato	aveva comprato	ebbe comprato	avrà comprato
abbiamo comprato	avevamo comprato	avemmo comprato	avremo comprato
avete comprato	avevate comprato	aveste comprato	avrete comprato
hanno comprato	avẹvano comprato	ẹbbero comprato	avranno comprato

Congiuntivo		Imperativo	Condizionale
passato	trapassato		passato
abbia comprato	avessi comprato	—	avrei comprato
abbia comprato	avessi comprato	—	avresti comprato
abbia comprato	avesse comprato	—	avrebbe comprato
abbiamo comprato	avẹssimo comprato	—	avremmo comprato
abbiate comprato	aveste comprato	—	avreste comprato
ạbbiano comprato	avẹssero comprato	—	avrẹbbero comprato

infinito pass.: avere comprato **gerundio pass.:** avendo comprato

cercare *suchen*

Stammauslaut **c** wird vor **e** und **i** zu **ch**

Indicativo

presente	imperfetto	pass. rem.	futuro
cerco	cercavo	cercai	cercherò
cerchi	cercavi	cercasti	cercherai
cerca	cercava	cercò	cercherà
cerchiamo	cercavamo	cercammo	cercheremo
cercate	cercavate	cercaste	cercherete
cẹrcano	cercạvano	cercạrono	cercheranno

Congiuntivo / Imperativo / Condizionale

Congiuntivo presente	Congiuntivo imperfetto	Imperativo	Condizionale presente
cerchi	cercassi	—	cercherei
cerchi	cercassi	cerca	cercheresti
cerchi	cercasse	cerchi	cercherebbe
cerchiamo	cercạssimo	cerchiamo	cercheremmo
cerchiate	cercaste	cercate	cerchereste
cẹrchino	cercạssero	cẹrchino	cercherẹbbero

infinito: cercare **gerundio:** cercando **participio:** cercato (+ avere)

pagare *zahlen*

Stammauslaut **g** wird vor **e** und **i** zu **gh**

Indicativo

presente	imperfetto	pass. rem.	futuro
pago	pagavo	pagai	pagherò
paghi	pagavi	pagasti	pagherai
paga	pagava	pagò	pagherà
paghiamo	pagavamo	pagammo	pagheremo
pagate	pagavate	pagaste	pagherete
pạgano	pagạvano	pagạrono	pagheranno

Congiuntivo / Imperativo / Condizionale

Congiuntivo presente	Congiuntivo imperfetto	Imperativo	Condizionale presente
paghi	pagassi	—	pagherei
paghi	pagassi	paga	pagheresti
paghi	pagasse	paghi	pagherebbe
paghiamo	pagạssimo	paghiamo	pagheremmo
paghiate	pagaste	pagate	paghereste
pạghino	pagạssero	pạghino	pagherẹbbero

infinito: pagare **gerundio:** pagando **participio:** pagato (+ avere)

baciare *küssen*

i entfällt, wenn ein zweites **i** oder ein **e** folgt.

Indicativo

presente	imperfetto	pass. rem.	futuro
bacio	baciavo	baciai	**racerò**
baci	baciavi	baciasti	**bacerai**
bacia	baciava	baciò	**bacerà**
baciamo	baciavamo	baciammo	**baceremo**
baciate	baciavate	baciaste	**bacerete**
bạciano	baciạvano	baciạrono	**baceranno**

Congiuntivo / Imperativo / Condizionale

Congiuntivo presente	Congiuntivo imperfetto	Imperativo	Condizionale presente
baci	baciassi	—	**bacerei**
baci	baciassi	bacia	**baceresti**
baci	baciasse	**baci**	**bacerebbe**
baciamo	baciạssimo	**baciamo**	**baceremmo**
baciate	baciaste	baciate	**bacereste**
bạcino	baciạssero	**bạcino**	**bacerẹbbero**

infinito: baciare **gerundio:** baciando **participio:** baciato (+ avere)

mangiare *essen*

i entfällt, wenn ein zweites **i** oder ein **e** folgt.

Indicativo

presente	imperfetto	pass. rem.	futuro
mangio	mangiavo	mangiai	**mangerò**
mangi	mangiavi	mangiasti	**mangerai**
mangia	mangiava	mangiò	**mangerà**
mangiamo	mangiavamo	mangiammo	**mangeremo**
mangiate	mangiavate	mangiaste	**mangerete**
mạngiano	mangiạvano	mangiạrono	**mangeranno**

Congiuntivo / Imperativo / Condizionale

Congiuntivo presente	Congiuntivo imperfetto	Imperativo	Condizionale presente
mangi	mangiassi	—	**mangerei**
mangi	mangiassi	mangia	**mangeresti**
mangi	mangiasse	**mangi**	**mangerebbe**
mangiamo	mangiạssimo	**mangiamo**	**mangeremmo**
mangiate	mangiaste	mangiate	**mangereste**
mạngino	mangiạssero	**mạngino**	**mangerẹbbero**

infinito: mangiare **gerundio:** mangiando **participio:** mangiato (+ avere)

abitare *wohnen*

Indicativo

presente	imperfetto	pass. rem.	futuro
ạbito	abitavo	abitai	abiterò
ạbiti	abitavi	abitasti	abiterai
ạbita	abitava	abitò	abiterà
abitiamo	abitavamo	abitammo	abiteremo
abitate	abitavate	abitaste	abiterete
ạbitano	abitạvano	abitạrono	abiteranno

Congiuntivo		Imperativo	Condizionale
presente	imperfetto		presente
ạbiti	abitassi	—	abiterei
ạbiti	abitassi	ạbita	abiteresti
ạbiti	abitasse	ạbiti	abiterebbe
abitiamo	abitạssimo	abitiamo	abiteremmo
abitiate	abitaste	abitate	abitereste
ạbitino	abitạssero	ạbitino	abiterẹbbero

infinito: abitare **gerundio:** abitando **participio:** abitato (+ avere)

andare *gehen*

Indicativo

presente	imperfetto	pass. rem.	futuro
vado	andavo	andai	andrò
vai	andavi	andasti	andrai
va	andava	andò	andrà
andiamo	andavamo	andammo	andremo
andate	andavate	andaste	andrete
vanno	andạvano	andạrono	andranno

Congiuntivo		Imperativo	Condizionale
presente	imperfetto		presente
vada	andassi	—	andrei
vada	andassi	va'/vai/va	andresti
vada	andasse	vada	andrebbe
andiamo	andạssimo	andiamo	andremmo
andiate	andaste	andate	andreste
vạdano	andạssero	vạdano	andrẹbbero

infinito: andare **gerundio:** andando **participio:** andato (+ ẹssere)

collaborare *mitarbeiten*

Indicativo

presente	imperfetto	pass. rem.	futuro
collạboro	collaboravo	collaborai	collaborerò
collạbori	collaboravi	collaborasti	collaborerai
collạbora	collaborava	collaborò	collaborerà
collaboriamo	collaboravamo	collaborammo	collaboreremo
collaborate	collaboravate	collaboraste	collaborerete
collạborano	collaborạvano	collaborạrono	collaboreranno

Congiuntivo presente	Congiuntivo imperfetto	Imperativo	Condizionale presente
collạbori	collaborassi	—	collaborerei
collạbori	collaborassi	collạbora	collaboreresti
collạbori	collaborasse	collạbori	collaborerebbe
collaboriamo	collaborạssimo	collaboriamo	collaboreremmo
collaboriate	collaboraste	collaborate	collaborereste
collạborino	collaborạssero	collạborino	collaborerẹbbero

infinito: collaborare **gerundio:** collaborando
participio: collaborato (+ avere)

dare *geben*

Indicativo

presente	imperfetto	pass. rem.	futuro
do	davo	diedi	darò
dai	davi	desti	darai
dà	dava	diede	darà
diamo	davamo	demmo	daremo
date	davate	deste	darete
danno	dạvano	diẹdero	daranno

Congiuntivo presente	Congiuntivo imperfetto	Imperativo	Condizionale presente
dịa	dessi	—	darei
dịa	dessi	da'/dai	daresti
dịa	desse	dịa	darebbe
diamo	dẹssimo	diamo	daremmo
diate	deste	date	dareste
dịano	dẹssero	dịano	darẹbbero

infinito: dare **gerundio:** dando **participio:** dato (+ avere)

inviare *schicken*

Die auf **i** betonten Formen der Verben auf **-iare** behalten das **i** bei, auch wenn ein weiteres **i** folgt.

Indicativo

presente	imperfetto	pass. rem.	futuro
invịo	inviavo	inviai	invierò
invịi	inviavi	inviasti	invierai
invịa	inviava	inviò	invierà
inviamo	inviavamo	inviammo	invieremo
inviate	inviavate	inviaste	invierete
invịano	inviạvano	inviạrono	invieranno

Congiuntivo / Imperativo / Condizionale

Congiuntivo presente	Congiuntivo imperfetto	Imperativo	Condizionale presente
invịi	inviassi	—	invierei
invịi	inviassi	invịa	invieresti
invịi	inviasse	**invịi**	invierebbe
inviamo	inviạssimo	inviamo	invieremmo
inviate	inviaste	inviate	inviereste
invịino	inviạssero	**invịino**	invierẹbbero

infinito: inviare **gerundio:** inviando **participio:** inviato (+ avere)

pigliare *ergreifen*

i entfällt, wenn ein zweites **i** folgt. Ebenso alle Verben auf **-gliare**, **-ziare** und **-chiare**.

Indicativo

presente	imperfetto	pass. rem.	futuro
piglio	pigliavo	pigliai	piglierò
pigli	pigliavi	pigliasti	piglierai
piglia	pigliava	pigliò	piglierà
pigliamo	pigliavamo	pigliammo	piglieremo
pigliate	pigliavate	pigliaste	piglierete
pịgliano	pigliạvano	pigliạrono	piglieranno

Congiuntivo / Imperativo / Condizionale

Congiuntivo presente	Congiuntivo imperfetto	Imperativo	Condizionale presente
pigli	pigliassi	—	piglierei
pigli	pigliassi	piglia	piglieresti
pigli	pigliasse	**pigli**	piglierebbe
pigliamo	pigliạssimo	**pigliamo**	piglieremmo
pigliate	pigliaste	pigliate	pigliereste
pịglino	pigliạssero	**pịglino**	piglierẹbbero

infinito: pigliare **gerundio:** pigliando **participio:** pigliato (+ avere)

stare *stehen*

Indicativo

presente	imperfetto	pass. rem.	futuro
sto	stavo	stetti	starò
stai	stavi	stesti	starai
sta	stava	stette	starà
stiamo	stavamo	stemmo	staremo
state	stavate	steste	starete
stanno	stạvano	stẹttero	staranno

Congiuntivo		Imperativo	Condizionale
presente	**imperfetto**		**presente**
stịa	stessi	—	starei
stịa	stessi	sta'/stai	staresti
stịa	stesse	stịa	starebbe
stiamo	stẹssimo	stiamo	staremmo
stiate	steste	state	stareste
stịano	stẹssero	stịano	starẹbbero

infinito: stare **gerundio:** stando **participio:** stato (+ ẹssere)

Erste Konjugation

vẹndere *verkaufen*

tempi sẹmplici

Indicativo

presente	imperfetto	pass. rem.	futuro
vend**o**	vend**evo**	vend**ei (-etti)**	vend**erò**
vend**i**	vend**evi**	vend**esti**	vend**erai**
vend**e**	vend**eva**	vend**ẹ (-ette)**	vend**erà**
vend**iamo**	vend**evamo**	vend**emmo**	vend**eremo**
vend**ete**	vend**evate**	vend**este**	vend**erete**
vẹnd**ono**	vend**ẹvano**	vend**ẹrono (-ẹttero)**	vend**eranno**

Congiuntivo		Imperativo	Condizionale
presente	**imperfetto**		**presente**
vend**a**	vend**essi**	—	vend**erei**
vend**a**	vend**essi**	vend**i**	vend**eresti**
vend**a**	vend**esse**	vend**a**	vend**erebbe**
vend**iamo**	vend**ẹssimo**	vend**iamo**	vend**eremmo**
vend**iate**	vend**este**	vend**ete**	vend**ereste**
vẹnd**ano**	vend**ẹssero**	vẹnd**ano**	vend**erẹbbero**

infinito: vẹnd**ere** **gerundio:** vend**endo** **participio:** vend**uto** (+ avere)

tempi composti

Indicativo

pass. pross.	trapass. pross.	trapass. rem.	fut. ant.
ho venduto	avevo venduto	ebbi venduto	avrò venduto
hai venduto	avevi venduto	avesti venduto	avrai venduto
ha venduto	aveva venduto	ebbe venduto	avrà venduto
abbiamo venduto	avevamo venduto	avemmo venduto	avremo venduto
avete venduto	avevate venduto	aveste venduto	avrete venduto
hanno venduto	avẹvano venduto	ẹbbero venduto	avranno venduto

Congiuntivo		Imperativo	Condizionale
passato	**trapassato**		**passato**
abbia venduto	avessi venduto	—	avrei venduto
abbia venduto	avessi venduto	—	avresti venduto
abbia venduto	avesse venduto	—	avrebbe venduto
abbiamo venduto	avẹssimo venduto	—	avremmo venduto
abbiate venduto	aveste venduto	—	avreste venduto
ạbbiano venduto	avẹssero venduto	—	avrẹbbero venduto

infinito pass.: avere venduto **gerundio pass.:** avendo venduto

bere *trinken*

Indicativo

presente	imperfetto	pass. rem.	futuro
bevo	bevevo	bevvi	berrò
bevi	bevevi	bevesti	berrai
beve	beveva	bevve	berrà
beviamo	bevevamo	bevemmo	berremo
bevete	bevevate	beveste	berrete
bẹvono	bevẹvano	bẹvvero	berranno

Congiuntivo presente	Congiuntivo imperfetto	Imperativo	Condizionale presente
beva	bevessi	—	berrei
beva	bevessi	bevi	berresti
beva	bevesse	beva	berrebbe
beviamo	bevẹssimo	beviamo	berremmo
beviate	beveste	bevete	berreste
bẹvano	bevẹssero	bẹvano	berrẹbbero

infinito: bere **gerundio:** bevendo **participio:** bevuto (+ avere)

cadere *fallen*

Indicativo

presente	imperfetto	pass. rem.	futuro
cado	cadevo	caddi	cadrò
cadi	cadevi	cadesti	cadrai
cade	cadeva	cadde	cadrà
cadiamo	cadevamo	cademmo	cadremo
cadete	cadevate	cadeste	cadrete
cạdono	cadẹvano	cạddero	cadranno

Congiuntivo presente	Congiuntivo imperfetto	Imperativo	Condizionale presente
cada	cadessi	—	cadrei
cada	cadessi	cadi	cadresti
cada	cadesse	cada	cadrebbe
cadiamo	cadẹssimo	cadiamo	cadremmo
cadiate	cadeste	cadete	cadreste
cạdano	cadẹssero	cạdano	cadrẹbbero

infinito: cadere **gerundio:** cadendo **participio:** caduto (+ ẹssere)

condurre *führen*

Zusammengezogen aus lat.: *condụcere.*

Indicativo

presente	imperfetto	pass. rem.	futuro
conduco	conducevo	condussi	condurrò
conduci	conducevi	conducesti	condurrai
conduce	conduceva	condusse	condurrà
conduciamo	conducevamo	conducemmo	condurremo
conducete	conducevate	conduceste	condurrete
condụcono	conducẹvano	condụssero	condurranno

Congiuntivo		**Imperativo**	**Condizionale**
presente	imperfetto		presente
conduca	conducessi	—	condurrei
conduca	conducessi	conduci	condurresti
conduca	conducesse	conduca	condurrebbe
conduciamo	conducẹssimo	conduciamo	condurremmo
conduciate	conduceste	conducete	condurreste
condụcano	conducẹssero	condụcano	condurrẹbbero

infinito: condurre **gerundio:** conducendo **participio:** condotto (+ avere)

cuọcere *kochen*

Betontes Stamm **-uọ** wird in unbetonten Silben zu **o**.
Vor Endungen mit **-a** und **-o** wird ein **-i** eingefügt.

Indicativo

presente	imperfetto	pass. rem.	futuro
cuocio	c(u)ocevo	cossi	c(u)ocerò
cuoci	c(u)ocevi	c(u)ocesti	c(u)ocerai
cuoce	c(u)oceva	cossi	c(u)ocerà
c(u)ociamo	c(u)ocevamo	c(u)ocemmo	c(u)oceremo
c(u)ocete	c(u)ocevate	c(u)oceste	c(u)ocerete
cuọciono	c(u)ocẹvano	cọssero	c(u)oceranno

Congiuntivo		**Imperativo**	**Condizionale**
presente	imperfetto		presente
cuocia	c(u)ocessi	—	c(u)ocerei
cuocia	c(u)ocessi	cuoci	c(u)oceresti
cuocia	c(u)ocesse	cuocia	c(u)ocerebbe
c(u)ociamo	c(u)ocẹssimo	c(u)ociamo	c(u)oceremmo
c(u)ociate	c(u)oceste	c(u)ocete	c(u)ocerẹste
cuọciano	c(u)ocẹssero	cuọciano	c(u)ocerẹbbero

infinito: cuọcere **gerundio:** c(u)ocendo **participio:** cotto (+ avere)

dire *sagen*

Zusammengezogen aus lat.: *dịcere*.

Indicativo

presente	imperfetto	pass. rem.	futuro
dico	dicevo	dissi	dirò
dici	dicevi	dicesti	dirai
dice	diceva	disse	dirà
diciamo	dicevamo	dicemmo	diremo
dite	dicevate	diceste	direte
dịcono	dicẹvano	dịssero	diranno

Congiuntivo / Imperativo / Condizionale

Congiuntivo presente	Congiuntivo imperfetto	Imperativo	Condizionale presente
dica	dicessi	—	direi
dica	dicessi	di'	diresti
dica	dicesse	dica	direbbe
diciamo	dicẹssimo	diciamo	diremmo
diciate	diceste	dite	direste
dịcano	dicẹssero	dịcano	dirẹbbero

infinito: dire **gerundio:** dicendo **participio:** detto (+ avere)

dolersi *sich beklagen*

Indicativo

presente	imperfetto	pass. rem.	futuro
mi dolgo	mi dolevo	mi dolsi	mi dorrò
ti duoli	ti dolevi	ti dolesti	ti dorrai
si duole	si doleva	si dolse	si dorrà
ci do(g)liamo	ci dolevamo	ci dolemmo	ci dorremo
vi dolete	vi dolevate	vi doleste	vi dorrete
si dọlgono	si dolẹvano	si dọlsero	si dorranno

Congiuntivo / Imperativo / Condizionale

Congiuntivo presente	Congiuntivo imperfetto	Imperativo	Condizionale presente
mi dolga	mi dolessi	—	mi dorrei
ti dolga	ti dolessi	duọliti	ti dorresti
si dolga	si dolesse	si dolga	si dorrebbe
ci do(g)liamo	ci dolẹssimo	do(g)liạmoci	ci dorremmo
vi do(g)liate	vi doleste	dolẹtevi	vi dorreste
si dọlgano	si dolẹssero	si dọlgano	si dorrẹbbero

infinito: dolersi **gerundio:** dolẹndosi **participio:** dolụtosi (+ ẹssere)

fare *machen*

Zusammengezogen aus lat.: *fạcere.*

Indicativo

presente	imperfetto	pass. rem.	futuro
faccio	facevo	feci	farò
fai	facevi	facesti	farai
fa	faceva	fece	farà
facciamo	facevamo	facemmo	faremo
fate	facevate	faceste	farete
fanno	facẹvano	fẹcero	faranno

Congiuntivo		**Imperativo**	**Condizionale**
presente	imperfetto		presente
faccia	facessi	—	farei
faccia	facessi	fa'/fai	faresti
faccia	facesse	faccia	farebbe
facciamo	facẹssimo	facciamo	faremmo
facciate	faceste	fate	fareste
fạcciano	facẹssero	fạcciano	farẹbbero

infinito: fare **gerundio:** facendo **participio:** fatto (+ avere)

muọvere *bewegen*

Betontes Stamm-**uọ** wird in unbetonten Silben zu **o**

Indicativo

presente	imperfetto	pass. rem.	futuro
muovo	m(u)ovevo	mossi	m(u)overò
muovi	m(u)ovevi	m(u)ovesti	m(u)overai
muove	m(u)oveva	mosse	m(u)overà
moviamo	m(u)ovevamo	m(u)ovemmo	m(u)overemo
movete	m(u)ovevate	m(u)oveste	m(u)overete
muọvono	m(u)ovẹvano	mọssero	m(u)overanno

Congiuntivo		**Imperativo**	**Condizionale**
presente	imperfetto		presente
muova	m(u)ovessi	—	m(u)overei
muova	m(u)ovessi	muovi	m(u)overesti
muova	m(u)ovesse	muova	m(u)overebbe
m(u)oviamo	m(u)ovẹssimo	m(u)oviamo	m(u)overemmo
m(u)oviate	m(u)oveste	m(u)ovete	m(u)overeste
muọvano	m(u)ovẹssero	muọvano	m(u)overẹbbero

infinito: muọvere **gerundio:** m(u)ovendo **participio:** mosso (+ avere)

parere *scheinen*

Indicativo

presente	imperfetto	pass. rem.	futuro
paio	parevo	parvi	parrò
pari	parevi	paresti	parrai
pare	pareva	parve	parrà
paiamo	parevamo	paremmo	parremo
parete	parevate	pareste	parrete
pạiono	parẹvano	pạrvero	parranno

Congiuntivo		Imperativo	Condizionale
presente	imperfetto		presente
paia	paressi	—	parrei
paia	paressi	—	parresti
paia	paresse	—	parrebbe
paiamo	parẹssimo	—	parremmo
paiate	pareste	—	parreste
pạiano	parẹssero	—	parrẹbbero

infinito: parere **gerundio:** parendo **participio:** parso (+ ẹssere)

piacere *gefallen*

Indicativo

presente	imperfetto	pass. rem.	futuro
piaccio	piacevo	piacqui	piacerò
piaci	piacevi	piacesti	piacerai
piace	piaceva	piacque	piacerà
piacciamo	piacevamo	piacemmo	piaceremo
piacete	piacevate	piaceste	piacerete
piạcciono	piacẹvano	piạcquero	piaceranno

Congiuntivo		Imperativo	Condizionale
presente	imperfetto		presente
piaccia	piacessi	—	piacerei
piaccia	piacessi	piaci	piaceresti
piaccia	piacesse	piaccia	piacerebbe
piacciamo	piacẹssimo	piacciamo	piaceremmo
piacciate	piaceste	piacete	piacereste
piạcciano	piacẹssero	piạcciano	piacerẹbbero

infinito: piacere **gerundio:** piacendo **participio:** piaciuto (+ ẹssere)

Zweite Konjugation

porre *setzen, stellen*

Indicativo

presente	imperfetto	pass. rem.	futuro
pongo	ponevo	posi	porrò
poni	ponevi	ponesti	porrai
pone	poneva	pose	porrà
poniamo	ponevamo	ponemmo	porremo
ponete	ponevate	poneste	porrete
pọngono	ponẹvano	pọsero	porranno

Congiuntivo presente	Congiuntivo imperfetto	Imperativo	Condizionale presente
ponga	ponessi	—	porrei
ponga	ponessi	poni	porresti
ponga	ponesse	ponga	porrebbe
poniamo	ponẹssimo	poniamo	porremmo
poniate	poneste	ponete	porreste
pọngano	ponẹssero	pọngano	porrẹbbero

infinito: porre **gerundio:** ponendo **participio:** posto (+ avere)

rimanere *bleiben*

Indicativo

presente	imperfetto	pass. rem.	futuro
rimango	rimanevo	rimasi	rimarrò
rimani	rimanevi	rimanesti	rimarrai
rimane	rimaneva	rimase	rimarrà
rimaniamo	rimanevamo	rimanemmo	rimarremo
rimanete	rimanevate	rimaneste	rimarrete
rimạngono	rimanẹvano	rimạsero	rimarranno

Congiuntivo presente	Congiuntivo imperfetto	Imperativo	Condizionale presente
rimanga	rimanessi	—	rimarrei
rimanga	rimanessi	rimani	rimarresti
rimanga	rimanesse	rimanga	rimarrebbe
rimaniamo	rimanẹssimo	rimaniamo	rimarremmo
rimaniate	rimaneste	rimanete	rimarreste
rimạngano	rimanẹssero	rimạngano	rimarrẹbbero

infinito: rimanere **gerundio:** rimanendo **participio:** rimasto (+ ẹssere)

sapere *wissen*

Indicativo

presente	imperfetto	pass. rem.	futuro
so	sapevo	seppi	saprò
sai	sapevi	sapesti	saprai
sa	sapeva	seppe	saprà
sappiamo	sapevamo	sapemmo	sapremo
sapete	sapevate	sapeste	saprete
sanno	sapẹvano	sẹppero	sapranno

Congiuntivo / Imperativo / Condizionale

Congiuntivo presente	Congiuntivo imperfetto	Imperativo	Condizionale presente
sappia	sapessi	—	saprei
sappia	sapessi	sappi	sapresti
sappia	sapesse	sappia	saprebbe
sappiamo	sapẹssimo	sappiamo	sapremmo
sappiate	sapeste	sappiate	sapreste
sạppiano	sapẹssero	sạppiano	saprẹbbero

infinito: sapere **gerundio:** sapendo **participio:** saputo (+ avere)

scẹgliere *wählen*

Indicativo

presente	imperfetto	pass. rem.	futuro
scelgo	sceglievo	scelsi	sceglierò
scegli	sceglievi	scegliesti	sceglierai
sceglie	sceglieva	scelse	sceglierà
scegliamo	sceglievamo	scegliemmo	sceglieremo
scegliete	sceglievate	sceglieste	sceglierete
scẹlgono	scegliẹvano	scẹlsero	sceglieranno

Congiuntivo / Imperativo / Condizionale

Congiuntivo presente	Congiuntivo imperfetto	Imperativo	Condizionale presente
scelga	scegliessi	—	sceglierei
scelga	scegliessi	scegli	sceglieresti
scelga	scegliesse	scelga	sceglierebbe
scegliamo	scegliẹssimo	scegliamo	sceglieremmo
scegliate	sceglieste	scegliete	scegliereste
scẹlgano	scegliẹssero	scẹlgano	sceglierẹbbero

infinito: scẹgliere **gerundio:** scegliendo **participio:** scelto (+ avere)

sedere *sitzen*

Betontes Stamm-**e** wird zu **ie**

Indicativo

presente	imperfetto	pass. rem.	futuro
siedo (seggo)	sedevo	sedei (-etti)	sederò
siedi	sedevi	sedesti	sederai
siede	sedeva	sedé (-ette)	sederà
sediamo	sedevamo	sedemmo	sederemo
sedete	sedevate	sedeste	sederete
siẹdono (sẹggono)	sedẹvano	sedẹrono (-ẹttero)	sederanno

Congiuntivo		Imperativo	Condizionale
presente	imperfetto		presente
sieda (segga)	sedessi	—	sederei
sieda (segga)	sedessi	siedi	sederesti
sieda (segga)	sedesse	sieda (segga)	sederebbe
sediamo	sedẹssimo	sediamo	sederemmo
sediate	sedeste	sedete	sedereste
siẹdano (sẹggano)	sedẹssero	siẹdano (sẹggano)	sederẹbbero

infinito: sedere **gerundio:** sedendo **participio:** seduto (+ ẹssere)

Zweite Konjugation

solere *pflegen*

Nur in einigen Zeiten gebräuchlich.

Indicativo

presente	imperfetto	pass. rem.	futuro
soglio	solevo	solei	—
suoli	solevi	solesti	—
suole	soleva	solé	—
sogliamo	solevamo	—	—
solete	solevate	soleste	—
sọgliono	solẹvano	—	—

Congiuntivo		Imperativo	Condizionale
presente	imperfetto		presente
soglia	—	—	—
soglia	—	—	—
soglia	—	—	—
sogliamo	—	—	—
sogliate	—	—	—
sọgliano	—	—	—

infinito: solere **gerundio:** solendo **participio:** sọlito (+ ẹssere)

spẹgnere *auslöschen*

Indicativo			
presente	**imperfetto**	**pass. rem.**	**futuro**
spengo	spegnevo	spensi	spegnerò
spegni	spegnevi	spegnesti	spegnerai
spegne	spegneva	spense	spegnerà
spegniamo	spegnevamo	spegnemmo	spegneremo
spegnete	spegnevate	spegneste	spegnerete
spẹngono	spegnẹvano	spẹnsero	spegneranno

Congiuntivo		Imperativo	Condizionale
presente	**imperfetto**		**presente**
spenga	spegnessi	—	spegnerei
spenga	spegnessi	spegni	spegneresti
spenga	spegnesse	spenga	spegnerebbe
spegniamo	spegnẹssimo	spegniamo	spegneremmo
spegniate	spegneste	spegnete	spegnereste
spẹngano	spegnẹssero	spẹngano	spegnerẹbbero

infinito: spẹgnere **gerundio:** spegnendo **participio:** spento (+ avere)

tenere *halten*

Indicativo			
presente	**imperfetto**	**pass. rem.**	**futuro**
tengo	tenevo	tenni	terrò
tieni	tenevi	tenesti	terrai
tiene	teneva	tenne	terrà
teniamo	tenevamo	tenemmo	terremo
tenete	tenevate	teneste	terrete
tẹngono	tenẹvano	tẹnnero	terranno

Congiuntivo		Imperativo	Condizionale
presente	**imperfetto**		**presente**
tenga	tenessi	—	terrei
tenga	tenessi	tieni	terresti
tenga	tenesse	tenga	terrebbe
teniamo	tenẹssimo	teniamo	terremmo
teniate	teneste	tenete	terreste
tẹngano	tenẹssero	tẹngano	terrẹbbero

infinito: tenere **gerundio:** tenendo **participio:** tenuto (+ avere)

trarre *ziehen*

Indicativo

presente	imperfetto	pass. rem.	futuro
traggo	traevo	trassi	trarrò
trai	traevi	traesti	trarrai
trae	traeva	trasse	trarrà
traiamo	traevamo	traemmo	trarremo
traete	traevate	traeste	trarrete
trạggono	traẹvano	trạssero	trarranno

Congiuntivo		**Imperativo**	**Condizionale**
presente	imperfetto		presente
tragga	trạessi	—	trarrei
tragga	trạessi	trai	trarresti
tragga	traesse	tragga	trarrebbe
traiamo	trạẹssimo	traiamo	trarremmo
traiate	traeste	traete	trarreste
trạggano	traẹssero	trạggano	trarrẹbbero

infinito: trarre **gerundio:** traendo **participio:** tratto (+ avere)

valere *gelten*

Indicativo

presente	imperfetto	pass. rem.	futuro
valgo	valevo	valsi	varrò
vali	valevi	valesti	varrai
vale	valeva	valse	varrà
valiamo	valevamo	valemmo	varremo
valete	valevate	valeste	varrete
vạlgono	valẹvano	vạlsero	varranno

Congiuntivo		**Imperativo**	**Condizionale**
presente	imperfetto		presente
valga	valessi	—	varrei
valga	valessi	vali	varresti
valga	valesse	valga	varrebbe
valiamo	valẹssimo	valiamo	varremmo
valiate	valeste	valete	varreste
vạlgano	valẹssero	vạlgano	varrẹbbero

infinito: valere **gerundio:** valendo **participio:** valso (+ ẹssere)

vedere *sehen*

Indicativo

presente	imperfetto	pass. rem.	futuro
vedo	vedevo	vidi	vedrò
vedi	vedevi	vedesti	vedrai
vede	vedeva	vide	vedrà
vediamo	vedevamo	vedemmo	vedremo
vedete	vedevate	vedeste	vedrete
vẹdono	vedẹvano	vịdero	vedranno

Congiuntivo / Imperativo / Condizionale

Congiuntivo presente	Congiuntivo imperfetto	Imperativo	Condizionale presente
veda	vedessi	—	vedrei
veda	vedessi	vedi	vedresti
veda	vedesse	veda	vedrebbe
vediamo	vedẹssimo	vediamo	vedremmo
vediate	vedeste	vedete	vedreste
vẹdano	vedẹssero	vẹdano	vedrẹbbero

infinito: vedere **gerundio:** vedendo **participio:** veduto (visto) (+ avere)

vịvere *leben*

Indicativo

presente	imperfetto	pass. rem.	futuro
vivo	vivevo	vissi	vivrò
vivi	vivevi	vivesti	vivrai
vive	viveva	visse	vivrà
viviamo	vivevamo	vivemmo	vivremo
vivete	vivevate	viveste	vivrete
vịvono	vivẹvano	vịssero	vivranno

Congiuntivo / Imperativo / Condizionale

Congiuntivo presente	Congiuntivo imperfetto	Imperativo	Condizionale presente
viva	vivessi	—	vivrei
viva	vivessi	vivi	vivresti
viva	vivesse	viva	vivrebbe
viviamo	vivẹssimo	viviamo	vivremmo
viviate	viveste	vivete	vivreste
vịvano	vivẹssero	vịvano	vivrẹbbero

infinito: vịvere **gerundio:** vivendo **participio:** vissuto (+ avere/ẹssere)

Verben der 2. Konjugation, die nur in der 1. und 3. Person Einzahl und der 3. Person Mehrzahl des **passato remoto** sowie häufig im **participio** unregelmäßig sind.

[1] **accẹndere** *anzünden* — **pass. rem.: accesi** accendesti **accese** accendemmo accendeste **accẹsero – participio: acceso** (+ avere)

[2] **accọrgersi** *wahrnehmen* — **pass. rem.: mi accorsi** ti accorgesti **si accorse** ci accorgemmo vi accorgeste **si accọrsero – participio: accọrtosi** (+ ẹssere)

[3] **assọlvere** *freisprechen* — **pass. rem.: assolsi** assolvesti **assolse** assolvemmo assolveste **assọlsero – participio: assolto** (+ avere)

[4] **assụmere** *übernehmen* — **pass. rem.: assunsi** assumesti **assunse** assumemmo assumeste **assụnsero – participio: assunto** (+ avere)

[5] **chiẹdere** *verlangen* — **pass. rem.: chiesi** chiedesti **chiese** chiedemmo chiedeste **chiẹsero – participio: chiesto** (+ avere)

[6] **chiụdere** *schließen* — **pass. rem.: chiusi** chiudesti **chiuse** chiudemmo chiudeste **chiụsero – participio: chiuso** (+ avere)

[7] **concẹdere** *gewähren* — **pass. rem.: concessi** concedesti **concesse** concedemmo concedeste **concẹssero – participio: concesso** (+ avere)

[8] **confọndere** *verwechseln* — **pass. rem.: confusi** confondesti **confuse** confondemmo confondeste **confụsero – participio: confuso** (+ avere)

[9] **conọscere** *kennen* — **pass. rem.: conobbi** conoscesti **conobbe** conoscemmo conosceste **conọbbero – participio: conosciuto** (+ avere)

[10] **cọrrere** *laufen* — **pass. rem.: corsi** corresti **corse** corremmo correste **cọrsero – participio: corso** (+ avere/ẹssere)

[11] **crẹscere** *wachsen* — **pass. rem.: crebbi** crescesti **crebbe** crescemmo cresceste **crẹbbero – participio: cresciuto** (+ ẹssere)

[12] **decịdere** *beschließen* — **pass. rem.: decisi** decidesti **decise** decidemmo decideste **decịsero – participio: deciso** (+ avere)

[13] deprịmere *niederdrücken* — **pass. rem.:** depressi deprimesti depresse deprimemmo deprimeste deprẹssero – **participio:** depresso (+ avere)

[14] difẹndere *verteidigen* — **pass. rem.:** difesi difendesti difese difendemmo difendeste difẹsero – **participio:** difeso (+ avere)

[15] dirịgere *leiten* — **pass. rem.:** diressi dirigesti diresse dirigemmo dirigeste dirẹssero – **participio:** diretto (+ avere)

[16] discụtere *debattieren* — **pass. rem.:** discussi discutesti discusse discutemmo discuteste discụssero – **participio:** discusso (+ avere)

[17] distịnguere *unterscheiden* — **pass. rem.:** distinsi distinguesti distinse distinguemmo distingueste distịnsero – **participio:** distinto (+ avere)

[18] distrụggere *zerstören* — **pass. rem.:** distrussi distruggesti distrusse distruggemmo distruggeste distrụssero – **participio:** distrutto (+ avere)

[19] divịdere *teilen* — **pass. rem.:** divisi dividesti divise dividemmo divideste divịsero – **participio:** diviso (+ avere)

[20] espẹllere *ausstoßen* — **pass. rem.:** espulsi espellesti espulse espellemmo espelleste espụlsero – **participio:** espulso (+ avere)

[21] esprịmere *ausdrücken* — **pass. rem.:** espressi esprimesti espresse esprimemmo esprimeste esprẹssero – **participio:** espresso (+ avere)

[22] fịngere *tun als ob* — **pass. rem.:** finsi fingesti finse fingemmo fingeste finsero – **participio:** finto (+ avere)

[23] fọndere *schmelzen* — **pass. rem.:** fusi fondesti fuse fondemmo fondeste fụsero – **participio:** fuso (+ avere)

[24] giụngere *ankommen* — **pass. rem.:** giunsi giungesti giunse giungemmo giungeste giụnsero – **participio:** giunto (+ ẹssere)

[25] lẹggere *lesen* — **pass. rem.:** lessi leggesti lesse leggemmo leggeste lẹssero – **participio:** letto (+ avere)

[26] **mẹttere** ***setzen, stellen*** — **pass. rem.:** **misi** mettesti **mise** mettemmo metteste **mịsero** – **participio:** **messo** (+ avere)

[27] **nạscere** ***geboren werden*** — **pass. rem.:** **nacqui** nascesti **nacque** nascemmo nasceste **nạcquero** – **participio:** **nato** (+ ẹssere)

[28] **nascọndere** ***verbergen*** — **pass. rem.:** **nascosi** nascondesti **nascose** nascondemmo nascondeste **nascọsero** – **participio:** **nascosto** (+ avere)

[29] **nuọcere** ***schaden*** — **pass. rem.:** **nocqui** nocesti **nocque** nocemmo noceste **nọcquero** – **participio:** **nociuto** (+ avere)

[30] **pẹrdere** ***verlieren*** — **pass. rem.:** **persi** (perdei, perdetti) perdesti **perse** (perdé, perdette) perdemmo perdeste **pèrsero** (perdẹrono, perdẹttero) – **participio:** **perso** (perduto) (+ avere)

[31] **persuadere** ***überzeugen*** — **pass. rem.:** **persuasi** persuadesti **persuase** persuademmo persuadeste **persuạsero** – **participio:** **persuaso** (+ avere)

[32] **piạngere** ***weinen*** — **pass. rem.:** **piansi** piangesti **pianse** piangemmo piangeste **piạnsero** – **participio:** **pianto** (+ avere)

[33] **pọrgere** ***reichen*** — **pass. rem.:** **porsi** porgesti **porse** porgemmo porgeste **pọrsero** – **participio:** **porto** (+ avere)

[34] **prefịggere** ***festsetzen*** — **pass. rem.:** **prefissi** prefiggesti **prefisse** prefiggemmo prefiggeste **prefịssero** – **participio:** **prefisso** (+ avere)

[35] **prẹndere** ***nehmen*** — **pass. rem.:** **presi** prendesti **prese** prendemmo prendeste **prẹsero** – **participio:** **preso** (+ avere)

[36] **rạdere** ***rasieren*** — **pass. rem.:** **rasi** radesti **rase** rademmo radeste **rạsero** – **participio:** **raso** (+ avere)

[37] **redịgere** ***abfassen*** — **pass. rem.:** **redassi** redigesti **redasse** redigemmo redigeste **redạssero** – **participio:** **redatto** (+ avere)

[38] **redịmere** ***erlösen*** — **pass. rem.:** **redensi** redimesti **redense** redimemmo redimeste **redẹnsero** – **participio:** **redento** (+ avere)

[39] **rẹndere** ***übergeben*** — **pass. rem.: resi** rendesti **rese** rendemmo rendeste **rẹsero – participio: reso** (+ avere)

[40] **rịdere** ***lachen*** — **pass. rem.: risi** ridesti **rise** ridemmo rideste **rịsero – participio: riso** (+ avere)

[41] **riflẹttere** ***zurückwerfen*** — **pass. rem.: riflessi** riflettesti **riflesse** riflettemmo rifletteste **riflẹssero – participio: riflesso** (+ avere)

[42] **rispọndere** ***antworten*** — **pass. rem.: risposi** rispondesti **rispose** rispondemmo rispondeste **rispọsero – participio: risposto** (+ avere)

[43] **rọmpere** ***brechen*** — **pass. rem.: ruppi** rompesti **ruppe** rompemmo rompeste **rụppero – participio: rotto** (+ avere)

[44] **scẹndere** ***hinabsteigen*** — **pass. rem.: scesi** scendesti **scese** scendemmo scendeste **scẹsero – participio: sceso** (+ avere/ẹssere)

[45] **scọrgere** ***erblicken*** — **pass. rem.: scorsi** scorgesti **scorse** scorgemmo scorgeste **scọrsero – participio: scorto** (+ avere)

[46] **scrịvere** ***schreiben*** — **pass. rem.: scrissi** scrivesti **scrisse** scrivemmo scriveste **scrịssero – participio: scritto** (+ avere)

[47] **spạrgere** ***ausstreuen*** — **pass. rem.: sparsi** spargesti **sparse** spargemmo spargeste **spạrsero – participio: sparso** (+ avere)

[48] **spẹndere** ***ausgeben*** — **pass. rem.: spesi** spendesti **spese** spendemmo spendeste **spẹsero – participio: speso** (+ avere)

[49] **spịngere** ***stoßen*** — **pass. rem.: spinsi** spingesti **spinse** spingemmo spingeste **spịnsero – participio: spinto** (+ avere)

[50] **strịngere** ***drücken*** — **pass. rem.: strinsi** stringesti **strinse** stringemmo stringeste **strịnsero – participio: stretto** (+ avere)

[51] **svẹllere** ***entwurzeln*** — **pass. rem.: svelsi** svellesti **svelse** svellemmo svelleste **svẹlsero – participio: svelto** (+ avere)

[52] **uccịdere** ***töten*** — **pass. rem.: uccisi** uccidesti **uccise** uccidemmo uccideste **uccịsero – participio: ucciso** (+ avere)

[53] vịncere *siegen* — **pass. rem.:** vinsi vincesti vinse vincemmo vinceste vịnsero – **participio:** vinto (+ avere)

[54] vọlgere *wenden* — **pass. rem.:** volsi volgesti volse volgemmo volgeste vọlsero – **participio:** volto (+ avere)

Verben der 2. Konjugation, die nur im **participio** unregelmäßig sind:

[55] assịstere *beistehen* — assistito (+ avere)

[56] coesịstere *gleichzeitig bestehen* — coesistito (+ ẹssere)

[57] consịstere *bestehen aus* — consistito (+ ẹssere)

[58] desịstere *aufhören* — desistito (+ avere)

[59] esịgere *verlangen* — esatto (+ avere)

[60] esịstere *vorhanden sein* — esistito (+ ẹssere)

[61] insịstere *bestehen auf* — insistito (+ avere)

[62] persịstere *andauern* — persistito (+ avere)

[63] resịstere *widerstehen* — resistito (+ avere)

[64] transịgere *nachgeben* — transatto (+ avere)

partire *abfahren*

tempi sẹmplici

Indicativo

presente	imperfetto	pass. rem.	futuro
part**o**	part**ivo**	part**ii**	part**irò**
part**i**	part**ivi**	part**isti**	part**irai**
part**e**	part**iva**	part**ì**	part**irà**
part**iamo**	part**ivamo**	part**immo**	part**iremo**
part**ite**	part**ivate**	part**iste**	part**irete**
pạrt**ono**	partị**vano**	partị**rono**	part**iranno**

Congiuntivo		Imperativo	Condizionale
presente	**imperfetto**		**presente**
part**a**	part**issi**	—	part**irei**
part**a**	part**issi**	part**i**	part**iresti**
part**a**	part**isse**	part**a**	part**irebbe**
part**iamo**	partị**ssimo**	part**iamo**	part**iremmo**
part**iate**	part**iste**	part**ite**	part**ireste**
pạrt**ano**	partị**ssero**	pạrt**ano**	part**irẹbbero**

infinito: part**ire** **gerundio:** part**endo** **participio:** part**ito** (+ ẹssere)

tempi composti

Indicativo

pass. pross.	trapass. pross.	trapass. rem.	fut. ant.
sono partito, -a	ero partito, -a	fui partito, -a	sarò partito, -a
sei partito, -a	eri partito, -a	fosti partito, -a	sarai partito, -a
è partito, -a	era partito, -a	fu partito, -a	sarà partito, -a
siamo partiti, -e	eravamo partiti, -e	fummo partiti, -e	saremo partiti, -e
siete partiti, -e	eravate partiti, -e	foste partiti, -e	sarete partiti, -e
sono partiti, -e	ẹrano partiti, -e	fụrono partiti, -e	saranno partiti, -e

Congiuntivo		Imperativo	Condizionale
passato	**trapassato**		**passato**
sia partito, -a	fossi partito, -a	—	sarei partito, -a
sia partito, -a	fossi partito, -a	—	saresti partito, -a
sia partito, -a	fosse partito, -a	—	sarebbe partito, -a
siamo partiti, -e	fọssimo partiti, -e	—	saremmo partiti, -e
siate partiti, -e	foste partiti, -e	—	sareste partiti, -e
sịano partiti, -e	fọssero partiti, -e	—	sarẹbbero partiti, -e

infinito pass.: ẹssere partito **gerundio pass.:** essendo partito

finire *beenden*

(Stammerweiterung obligatorisch)

Indicativo

presente	imperfetto	pass. rem.	futuro
finisco	finivo	finii	finirò
finisci	finivi	finisti	finirai
finisce	finiva	finì	finirà
finiamo	finivamo	finimmo	finiremo
finite	finivate	finiste	finirete
finiscono	finivano	finìrono	finiranno

Congiuntivo / Imperativo / Condizionale

Congiuntivo presente	Congiuntivo imperfetto	Imperativo	Condizionale presente
finisca	finissi	—	finirei
finisca	finissi	finisci	finiresti
finisca	finisse	finisca	finirebbe
finiamo	finissimo	finiamo	finiremmo
finiate	finiste	finite	finireste
finiscano	finissero	finiscano	finirebbero

infinito: finire **gerundio:** finendo **participio:** finito (+ avere)

apparire *erscheinen*

(Stammerweiterung optional)

Indicativo

presente	imperfetto	pass. rem.	futuro
appaio (-risco)	apparivo	apparii (-arsi, -arvi)	apparirò
appari (-risci)	apparivi	apparisti	apparirai
appare (-risce)	appariva	apparì (-arse, -arve)	apparirà
appariamo	apparivamo	apparimmo	appariremo
apparite	apparivate	appariste	apparirete
appaiono (-riscono)	apparivano	apparirono (-arsero, -arvero)	appariranno

Congiuntivo / Imperativo / Condizionale

Congiuntivo presente	Congiuntivo imperfetto	Imperativo	Condizionale presente
appaia (-risca)	apparissi	—	apparirei
appaia (-risca)	apparissi	appari (-risci)	appariresti
appaia (-risca)	apparisse	appaia (-risca)	apparirebbe
appariamo	apparìssimo	appariamo	appariremmo
appariate	appariste	apparite	apparireste
appaiano (-riscano)	apparissero	appaiano (-riscano)	apparirebbero

infinito: apparire **gerundio:** apparendo **participio:** apparso (+ essere)

Dritte Konjugation

aprire *öffnen*

Indicativo

presente	imperfetto	pass. rem.	futuro
apro	aprivo	aprii (-ersi)	aprirò
apri	aprivi	apristi	aprirai
apre	apriva	aprì (-erse)	aprirà
apriamo	aprivamo	aprimmo	apriremo
aprite	aprivate	apriste	aprirete
ạprono	aprịvano	aprịrono (-ẹrsero)	apriranno

Congiuntivo presente	imperfetto	Imperativo	Condizionale presente
apra	aprissi	—	aprirei
apra	aprissi	apri	apriresti
apra	aprisse	apra	aprirebbe
apriamo	aprịssimo	apriamo	apriremmo
apriate	apriste	aprite	aprireste
ạprano	aprịssero	ạprano	aprirẹbbero

infinito: aprire **gerundio:** aprendo **participio:** aperto (+ avere)

divenire *werden*

Indicativo

presente	imperfetto	pass. rem.	futuro
divengo	divenivo	divenni	diverrò
divieni	divenivi	divenisti	diverrai
diviene	diveniva	divenne	diverrà
diveniamo	divenivamo	divenimmo	diverremo
divenite	divenivate	diveniste	diverrete
divẹngono	divenịvano	divẹnnero	diverranno

Congiuntivo presente	imperfetto	Imperativo	Condizionale presente
divenga	divenissi	—	diverrei
divenga	divenissi	divieni	diverresti
divenga	divenisse	divenga	diverrebbe
diveniamo	divenịssimo	diveniamo	diverremmo
diveniate	diveniste	divenite	diverreste
divẹngano	divenịssero	divẹngano	diverrẹbbero

infinito: divenire **gerundio:** divenendo **participio:** divenuto (+ ẹssere)

morire *sterben*

Indicativo

presente	imperfetto	pass. rem.	futuro
muoio	morivo	morii	mor(i)rò
muori	morivi	moristi	mor(i)rai
muore	moriva	morì	mor(i)rà
moriamo	morivamo	morimmo	mor(i)remo
morite	morivate	moriste	mor(i)rete
muọiono	morịvano	morịrono	mor(i)ranno

Congiuntivo presente	Congiuntivo imperfetto	Imperativo	Condizionale presente
muoia	morissi	—	mor(i)rei
muoia	morissi	muori	mor(i)resti
muoia	morisse	muoia	mor(i)rebbe
moriamo	morịssimo	moriamo	mor(i)remmo
moriate	moriste	morite	mor(i)reste
muọiano	morịssero	muọiano	mor(i)rẹbbero

infinito: morire **gerundio:** morendo **participio:** morto (+ ẹssere)

offrire *anbieten*

Indicativo

presente	imperfetto	pass. rem.	futuro
offro	offrivo	offrii (-ersi)	offrirò
offri	offrivi	offristi	offrirai
offre	offriva	offrì (-erse)	offrirà
offriamo	offrivamo	offrimmo	offriremo
offrite	offrivate	offriste	offrirete
ọffrono	offrịvano	offrịrono (-ẹrsero)	offriranno

Congiuntivo presente	Congiuntivo imperfetto	Imperativo	Condizionale presente
offra	offrissi	—	offrirei
offra	offrissi	offri	offriresti
offra	offrisse	offra	offrirebbe
offriamo	offrịssimo	offriamo	offriremmo
offriate	offriste	offrite	offrireste
ọffrano	offrịssero	ọffrano	offrirẹbbero

infinito: offrire **gerundio:** offrendo **participio:** offerto (+ avere)

riuscire *gelingen*

Indicativo

presente	imperfetto	pass. rem.	futuro
riesco	riuscivo	riuscii	riuscirò
riesci	riuscivi	riuscisti	riuscirai
riesce	riusciva	riuscì	riuscirà
riusciamo	riuscivamo	riuscimmo	riusciremo
riuscite	riuscivate	riusciste	riuscirete
riẹscono	riuscịvano	riuscịrono	riusciranno

Congiuntivo		**Imperativo**	**Condizionale**
presente	imperfetto		presente
riesca	riuscissi	—	riuscirei
riesca	riuscissi	**riesci**	riusciresti
riesca	riuscisse	**riesca**	riuscirebbe
riusciamo	riuscịssimo	riusciamo	riusciremmo
riusciate	riusciste	riuscite	riuscireste
riẹscano	riuscịssero	**riẹscano**	riuscirẹbbero

infinito: riuscire **gerundio:** riuscendo **participio:** riuscito (+ ẹssere)

salire *steigen*

Indicativo

presente	imperfetto	pass. rem.	futuro
salgo	salivo	salii	salirò
sali	salivi	salisti	salirai
sale	saliva	salì	salirà
saliamo	salivamo	salimmo	saliremo
salite	salivate	saliste	salirete
sạlgono	salịvano	salịrono	saliranno

Congiuntivo		**Imperativo**	**Condizionale**
presente	imperfetto		presente
salga	salissi	—	salirei
salga	salissi	sali	saliresti
salga	salisse	**salga**	salirebbe
saliamo	salịssimo	saliamo	saliremmo
saliate	saliste	salite	salireste
sạlgano	salịssero	**sạlgano**	salirẹbbero

infinito: salire **gerundio:** salendo **participio:** salito (+ ẹssere/avere)

Dritte Konjugation

soffrire *leiden*

Indicativo

presente	imperfetto	pass. rem.	futuro
soffro	soffrivo	soffrii (-ersi)	soffrirò
soffri	soffrivi	soffristi	soffrirai
soffre	soffriva	soffrì (-erse)	soffrirà
soffriamo	soffrivamo	soffrimmo	soffriremo
soffrite	soffrivate	soffriste	soffrirete
soffrono	soffrivano	soffrirono (-ersero)	soffriranno

Congiuntivo		**Imperativo**	**Condizionale**
presente	**imperfetto**		**presente**
soffra	soffrissi	—	soffrirei
soffra	soffrissi	soffri	soffriresti
soffra	soffrisse	soffra	soffrirebbe
soffriamo	soffrissimo	soffriamo	soffriremmo
soffriate	soffriste	soffrite	soffrireste
soffrano	soffrissero	soffrano	soffrirebbero

infinito: soffrire **gerundio:** soffrendo **participio:** sofferto (+ avere)

udire *hören*

Indicativo

presente	imperfetto	pass. rem.	futuro
odo	udivo	udii	ud(i)rò
odi	udivi	udisti	ud(i)rai
ode	udiva	udì	ud(i)rà
udiamo	udivamo	udimmo	ud(i)remo
udite	udivate	udiste	ud(i)rete
odono	udivano	udirono	ud(i)ranno

Congiuntivo		**Imperativo**	**Condizionale**
presente	**imperfetto**		**presente**
oda	udissi	—	ud(i)rei
oda	udissi	odi	ud(i)resti
oda	udisse	oda	ud(i)rebbe
udiamo	udissimo	udiamo	ud(i)remmo
udiate	udiste	udite	ud(i)reste
odano	udissero	odano	ud(i)rebbero

infinito: udire **gerundio:** udendo **participio:** udito (+ avere)

uscire *hinausgehen*

Indicativo

presente	imperfetto	pass. rem.	futuro
esco	uscivo	uscii	uscirò
esci	uscivi	uscisti	uscirai
esce	usciva	uscì	uscirà
usciamo	uscivamo	uscimmo	usciremo
uscite	uscivate	usciste	uscirete
ẹscono	uscịvano	uscịrono	usciranno

Congiuntivo		**Imperativo**	**Condizionale**
presente	**imperfetto**		**presente**
esca	uscissi	—	uscirei
esca	uscissi	esci	usciresti
esca	uscisse	esca	uscirebbe
usciamo	uscịssimo	usciamo	usciremmo
usciate	usciste	uscite	uscireste
ẹscano	uscịssero	ẹscano	uscirẹbbero

infinito: uscire **gerundio:** uscendo **participio:** uscito (+ ẹssere)

venire *kommen*

Indicativo

presente	imperfetto	pass. rem.	futuro
vengo	venivo	venni	verrò
vieni	venivi	venisti	verrai
viene	veniva	venne	verrà
veniamo	venivamo	venimmo	verremo
venite	venivate	veniste	verrete
vẹngono	venịvano	vẹnnero	verranno

Congiuntivo		**Imperativo**	**Condizionale**
presente	**imperfetto**		**presente**
venga	venissi	—	verrei
venga	venissi	vieni	verresti
venga	venisse	venga	verrebbe
veniamo	venịssimo	veniamo	verremmo
veniate	veniste	venite	verreste
vẹngano	venịssero	vẹngano	verrẹbbero

infinito: venire **gerundio:** venendo **participio:** venuto (+ ẹssere)

tempi composti mit ẹssere

Indicativo

passato prọssimo ich bin angekommen usw.

sono arrivato, -a	siamo arrivati, -e
sei ...	siete ...
è ...	sono ...

trapassato prọssimo ich war angekommen usw.

ero arrivato, -a	eravamo arrivati, -e
eri ...	eravate ...
era ...	ẹrano ...

trapassato remoto ich war angekommen usw.

fui arrivato, -a	fummo arrivati, -e
fosti ...	foste ...
fu ...	fụrono ...

futuro anteriore ich werde angekommen sein usw.

sarò arrivato, -a	saremo arrivati, -e
sarai ...	sarete ...
sarà ...	saranno ...

condizionale passato ich würde angekommen sein usw.

sarei arrivato, -a	saremmo arrivati, -e
saresti ...	sareste ...
sarebbe ...	sarẹbbero ...

infinito angekommen sein

ẹssere arrivato, -a	ẹssere arrivati, -e

gerundio da, nachdem er/sie angekommen ist (wörtl. angekommen seiend)

essendo arrivato, -a	essendo arrivati, -e

Congiuntivo

passato prọssimo ich sei angekommen usw.

sia arrivato, -a	siamo arrivati, -e
sia ...	siete ...
sia ...	sịano ...

trapassato prọssimo ich wäre angekommen usw.

fossi arrivato, -a	fọssimo arrivati, -e
fossi ...	foste ...
fosse ...	fọssero ...

tempi sẹmplici

Indicativo

presente ich wasche mich usw.

mi lavo	ci laviamo
ti lavi	vi lavate
si lava	si lạvano

imperfetto ich wusch mich usw.

mi lavavo	ci lavavamo
ti lavavi	vi lavavate
si lavava	si lavạvano

passato remoto ich wusch mich usw.

mi lavai	ci lavammo
ti lavasti	vi lavaste
si lavò	si lavạrono

futuro ich werde mich waschen usw.

mi laverò	ci laveremo
ti laverai	vi laverete
si laverà	si laveranno

condizionale ich würde mich waschen usw.

mi laverei	ci laveremmo
ti laveresti	vi lavereste
si laverebbe	si laverẹbbero

infinito sich waschen

lavarsi

gerundio sich waschend

lavạndosi

Congiuntivo

presente ich wasche mich usw.

mi lavi	ci laviamo
ti lavi	vi laviate
si lavi	si lạvino

imperfetto ich wüsche mich usw.

mi lavassi	ci lavạssimo
ti lavassi	vi lavaste
si lavasse	si lavạssero

Imperativo wasch(e) dich!

—	laviạmoci!
lạvati!	lavạtevi!
si lavi!	si lạvino!

tempi composti

Indicativo

passato prọssimo ich habe mich gewaschen usw.

mi sono lavato, -a	ci siamo lavati, -e
ti sei ...	vi siete ...
si è ...	si sono ...

trapassato prọssimo ich hatte mich gewaschen usw.

mi ero lavato, -a	ci eravamo lavati, -e
ti eri ...	vi eravate ...
si era ...	si ẹrano ...

trapassato remoto ich hatte mich gewaschen usw.

mi fui lavato, -a	ci fummo lavati, -e
ti fosti ...	vi foste ...
si fu ...	si fụrono ...

futuro anteriore ich werde mich gewaschen haben usw.

mi sarò lavato, -a	ci saremo lavati, -e
ti sarai ...	vi sarete ...
si sarà ...	si saranno ...

condizionale passato ich würde mich gewaschen haben usw.

mi sarei lavato, -a	ci saremmo lavati, -e
ti saresti ...	vi sareste ...
si sarebbe ...	si sarẹbbero ...

infinito sich gewaschen haben

ẹssersi lavato, -a

gerundio da/nachdem er/sie sich gewaschen hatte
(wörtl. sich gewaschen habend)

essẹndosi lavato, -a

Congiuntivo

passato prọssimo ich habe mich gewaschen usw.

mi sia lavato, -a	**ci siamo lavati, -e**
ti sia …	**vi sịate …**
si sia …	**si sịano …**

trapassato prọssimo ich hätte mich gewaschen usw.

mi fossi lavato, -a	**ci fọssimo lavati, -e**
ti fossi …	**vi foste …**
si fosse …	**si fọssero …**

Indicativo

presente ich werde eingeladen usw.

sono invitato, -a	**siamo invitati, -e**
sei ...	**siete ...**
è ...	**sono ...**

imperfetto ich war eingeladen usw.

ero invitato, -a	**eravamo invitati, -e**
eri ...	**eravate ...**
era ...	**ẹrano ...**

passato remoto ich wurde eingeladen usw.

fui invitato, -a	**fummo invitati, -e**
fosti ...	**foste ...**
fu ...	**fụrono ...**

passato prọssimo ich bin eingeladen worden usw.

sono stato, -a invitato, -a	**siamo stati, -e invitati, -e**
sei ...	**siete ...**
è ...	**sono ...**

trapassato prọssimo ich war eingeladen worden usw.

ero stato, -a invitato, -a	**eravamo stati, -e invitati, -e**
eri ...	**eravate ...**
era ...	**ẹrano ...**

trapassato remoto ich war eingeladen worden usw.

fui stato, -a invitato, -a	**fummo stati, -e invitati, -e**
fosti ...	**foste ...**
fu ...	**fụrono ...**

futuro ich werde eingeladen werden usw.

sarò invitato, -a	**saremo invitati, -e**
sarai ...	**sarete ...**
sarà ...	**saranno ...**

futuro anteriore ich werde eingeladen worden sein usw.

sarò stato, -a invitato, -a	**saremo stati, -e invitati, -e**
sarai ...	**sarete ...**
sarà ...	**saranno ...**

condizionale ich würde eingeladen werden usw.

sarei invitato, -a	**saremmo invitati, -e**
saresti ...	**sareste ...**
sarebbe ...	**sarẹbbero ...**

condizionale passato ich würde eingeladen worden sein usw.

sarei stato, -a invitato, -a	**saremmo stati, -e invitati, -e**
saresti ...	**sareste ...**
sarebbe ...	**sarẹbbero ...**

infinito eingeladen werden

ẹssere invitato, -a	**ẹssere invitati, -e**

infinito passato eingeladen worden sein

ẹssere stato, -a invitato, -a	**ẹssere stati, -e invitati, -e**

gerundio da/nachdem er/sie eingeladen ist
(wörtl. eingeladen werdend)

essendo invitato, -a	**essendo invitati, -e**

gerundio passato da/nachdem er/sie eingeladen worden war
(wörtl. eingeladen worden seiend)

essendo stato, -a invitato, -a	**essendo stati, -e invitati, -e**

Congiuntivo

presente ich sei eingeladen usw.

sia invitato, -a	**siamo invitati, -e**
sia ...	**siate ...**
sia ...	**sịano ...**

imperfetto ich wäre eingeladen usw.

fossi invitato, -a	**fọssimo invitati, -e**
fossi ...	**foste ...**
fosse ...	**fọssero ...**

passato prọssimo ich sei eingeladen worden usw.

sia stato, -a invitato, -a	**siamo stati, -e invitati, -e**
sia ...	**siate ...**
sia ...	**sịano ...**

trapassato prọssimo ich wäre eingeladen worden usw.

fossi stato, -a invitato, -a	**fọssimo stati, -e invitati, -e**
fossi ...	**foste ...**
fosse ...	**fọssero ...**

Die wichtigsten Verben mit Präpositionen

qc = **qualcosa** etwas   qn = **qualcuno** jemand
etw. = etwas   j-m = jemandem   j-n = jemanden

Viele italienische Verben werden nicht nur mit einer anderen Präposition als im Deutschen sondern manchmal auch ohne Präposition gebraucht. Hier eine Auswahl der häufigsten Abweichungen:

abusare di qc	etw. missbrauchen
accontentarsi di qc	sich mit etw. zufrieden geben
accọrgersi di qc	etw. bemerken
accusare qn di qc	j-m e-r Sache beschuldigen
addatarsi a fare qc	sich damit abfinden, etw. zu tun
adulare qn	j-m schmeicheln
affrontare qn	j-m entgegentreten
aiutare qn	j-m helfen
approfitarsi di qn/qc	j-n/etw. ausnutzen
arrabbiarsi con qn	sich über j-n aufregen
arrabbiarsi per qc	sich wegen etw. aufregen
ascoltare qn	j-m zuhören
aspettare qn/qc	auf j-n/etw. warten
astenersi da qc	sich e-r Sache enthalten
augurare qc a qn	j-m etw. wünschen
augurarsi di fare qc	sich wünschen, etw. zu tun
basarsi su qc	sich auf etw. stützen
cercare di fare qc	versuchen, etw. zu tun
chiamare a qn	j-n anrufen
chiẹdere qc a qn	j-n nach etw. fragen, um etw. bitten
chiẹdere di qn	nach j-m fragen
cominciare a fare qc	anfangen etw. zu tun
cominciare da qc	bei etw. anfangen
comporsi di qc	aus etw. bestehen
confidarsi con qn	sich j-m anvertrauen
congratularsi con qn di/per qc	j-m zu etw. gratulieren
consigliare qn	j-m einen Rat geben
consigliare a qn di fare qc	j-m raten, etw. zu tun
consịstere di qc	aus etw. bestehen
consịstere in qc	in/aus etw. bestehen
continuare a fare qc	damit fortfahren etw. zu tun
contraddire qn	j-m widersprechen
contrariare qn	j-m widersprechen
convịncere qn di qc	j-n von etw. überzeugen
credere in qc/qn	an j-n/etw. glauben
credere di avere fatto qc	glauben, etw. getan zu haben
decịdere di fare qc	beschließen, etw. zu tun
dimenticare di fare qc	vergessen etw. zu tun

dire a qn di fare qc	j-m bitten, etw. zu tun
discụtere di/su qc	über etw. diskutieren
dissuadere qn	j-m abraten
distịnguersi da qc/qn	sich von j-m/etw. unterscheiden
domandare di qn	nach j-m fragen
domandare qc. a qn	j-n nach etw. fragen
evitare di fare qc	vermeiden, etw. zu tun
fidarsi di qn	j-m vertrauen
fịngere di fare qc	vortäuschen, etw. zu tun
forzare qn a fare qc	j-n zwingen, etw. zu tun
fregạrsene di qc	auf etw. pfeifen
giurare di fare qc	schwören, etw. zu tun
immaginare di fare qc	sich vorstellen, etw. zu tun
imparare a fare qc	etw. zu tun lernen
imparare qc da qn	von j-m etw. lernen
impedire a qn di fare qc	j-n daran hindern, etw. zu tun
incaricarsi di qc	etw. übernehmen
incontrare qn	j-m begegnen
incoraggiare qn a fare qc	j-n ermutigen, etw. zu tun
innamorarsi di qn	sich in j-n verlieben
insegnare qc a qn	j-m etw. beibringen
insidiare qn	j-m nachstellen
interessarsi di qc/qn	sich für etw./j-n interessieren
lamentarsi di qc/qn	sich über etw./j-n beklagen
meravigliarsi di qn/qc	sich über j-n/etw. wundern
meritare di fare qc	verdienen, etw. zu tun
minacciare qn di fare qc	j-m damit drohen, etw. zu tun
occuparsi di qn/qc	sich um j-n/etw. kümmern
pareggiare qn	j-m gleichkommen
partecipare a qc	an etw. teilnehmen
pensare a qc	an etw. denken
pensare di fare qc	vorhaben, etw. zu tun
pentirsi di qc	etw. bereuen
perdonare qc a qn	j-m etw. verzeihen
pregare qn di fare qc	j-n bitten, etw. zu tun
preoccuparsi di/per qn/qc	sich um j-n/etw. Sorgen machen
preoccuparsi di fare qc	sich bemühen, etw. zu tun
prevenire qu	j-m zuvorkommen
profittare di qc	etw. benutzen
promettere di fare qc	versprechen, etw. zu tun
proporsi di fare qc	sich vornehmen, etw. zu tun
protẹggere qn/qc da qn/qc	j-n/etw. vor j-m/etw. schützen
provare a fare qc	versuchen, etw. zu tun
provvedere a qn/qc	für j-n/etw. sorgen
rassegnarsi a fare qc	sich damit abfinden, etw. zu tun
riconọscere qn/qc da qc	j-n/etw. an etw. erkennen
ricordare qc a qn	j-n an etw. erinnern
ricordarsi di qc	sich an etw. erinnern
ridere di qn/qc	über j-n/etw. lachen
ringraziare qc di qc	j-m für etw. danken

rischiare di fare qc	riskieren, etw. zu tun
sapere qc di qn	etw. von j-m wissen
sapere qc da qn	etw. von j-m erfahren
sapere di qc	nach etw. schmecken
scusarsi con qn di/per qc	sich bei j-m für etw. entschuldigen
seguire qn	j-m folgen
servire qn	j-m dienen
servire a qc	zu etw. dienen
servire da qc	als etw. dienen
servirsi di qc	etw. benutzen
sfruttare qn/qc	j-n/etw. ausnutzen
smettere di fare qc	aufhören, etw. zu tun
soccọrrere qn	j-m helfen
sognare (di) qn/qc	von j-m/etw. träumen
sopravvịvere a qn	j-n überleben
sospettare qn di qc	j-n e-r Sache verdächtigen
sospettare qc in qn	etw. bei j-m vermuten
sostituire qn/qc a/con qn/qc	j-n/etw. durch j-n/etw. ersetzen
sovrastare a qc	etw. überragen
sperare di fare qc	hoffen, etw. zu tun
supplire a qc	etw. ersetzen
telefonare a qn	j-n anrufen
tentare di fare qc	versuchen, etw. zu tun
vendicarsi di qc	sich für etw. rächen
vergognarsi di qn/qc	sich j-s/e-r Sache schämen

Alphabetische Liste der wichtigsten Verben und unregelmäßigen Verbformen mit deutscher Übersetzung

1. Die hinter dem Verb stehende Zahl bezieht sich jeweils auf die Seitenzahl, auf der das Musterverb steht, nach dem sich das Konjugationsmuster richtet. Hierbei steht ▲ für das Verb auf der oberen Seitenhälfte, ▼ für das auf der unteren.
2. Die Konjugationsmuster der Verben auf **-ere**, die nur in einigen Formen unregelmäßig sind, sind außer der Seitenzahl auch mit Zahlen in [ ] gekennzeichnet.
3. Die regelmäßigen Verben auf **-are** und auf **-ere** wurden nur in Ausnahmefällen in diese Liste aufgenommen.
4. Das Hilfsverb wird angegeben, wenn es von demjenigen des Musterverbs abweicht. Wo es nötig ist, wird dabei auf die transitive oder intransitive Verwendung des Verbs hingewiesen. Reflexive Verben werden stets mit **essere** verbunden und erhalten keinen Hinweis auf das Hilfsverb.
5. Abkürzungen: *a. = auch – ausil. = Hilfsverb – Kond. = Konditional – od. = oder – Part. = Partizip – pass. rem. = passato remoto – Präs. = Präsens – Pers. = Person – s. = siehe – u. = und – itr. = intransitives Verb – tr. = transitives Verb*

A

abbagliare 14 ▼ blenden, verwirren
abbaiare 14 ▼ bellen
abbellire 34 ▲ verschönern; verzieren
abbi, abbia *s.* **avere**
abbiamo *s.* **avere**
abbiano *s.* **avere**
abbiate *s.* **avere**
abboccare (*tr. ausil.:* **avere**) 10 ▲ zusammenstecken
abboccare (*itr. ausil.:* **essere**) 10 ▲ anbeißen; zusammengesteckt, sein
abbonire 34 ▲ beruhigen, besänftigen
abbracciare 11 ▲ umarmen; umfassen
abbreviare 14 ▼ abkürzen, verkürzen
abdicare 10 ▲ abdanken, zurücktreten
abilitare 13 ▲ befähigen
abitare 12 ▲ wohnen
abituare 13 ▲ gewöhnen
abolire 34 ▲ abschaffen, beseitigen
abominare 13 ▲ verabscheuen
aborrire (*ausil.:* **avere**) 34 ▲ verabscheuen
accadere 17 ▼ geschehen, passieren
accelerare 13 ▲ beschleunigen
accendere 28 [1] anzünden
accentuare 13 ▲ akzentuieren, betonen
accerchiare 14 ▼ umzingeln, einkreisen
accesi, -so *s.* **accendere**
accingersi 29 [22] sich anschicken
acclimatare 13 ▲ akklimatisieren
accludere 28 [6] beifügen, beilegen
acclusi, -so *s.* **accludere**
accogliere 23 ▼ aufnehmen, empfangen
accolgo, -colsi, -colto *s.* **accogliere**

accomodare 13 ▲ reparieren; in Ordnung bringen
acconciare 11 ▲ aufräumen, schmücken, einmachen
acconsentire 33 zustimmen, einwilligen
accorciare (*ausil.:* **essere**) 11 ▲ ab-, verkürzen, kürzen
accorgersi 28 [2] merken, bemerken, wahrnehmen
accorrere 28 [10] herbeieilen
mi accorsi *s.* **accorgersi**
accorsi, accorso *s.* **accorrere**
accorto *s.* **accorgersi**
accrebbi *s.* **accrescere**
accreditare 13 ▲ glaubhaft machen; gutschreiben
accrescere (*tr. ausil.:* **avere**) 28 [11] vermehren
accrescere (*itr. ausil.:* **essere**) 28 [11]
anwachsen
accudire 34 ▲ pflegen, versorgen
accumulare 13 ▲ anhäufen
acquisire 34 ▲ erwerben
acuire 34 ▲ zuspitzen; schärfen
addarsi 13 ▼ passen zu (*1. Pers. Präs.:* **mi addò**)
addebitare 13 ▲ belasten; zur Last legen
addolcire 34 ▲ süßen
addotto, -duco *s.* **addurre**
addurre 18 ▲ anführen, vorbringen
addussi *s.* **addurre**
aderire 34 ▲ haften, kleben
adescare 10 ▲ ködern
adop(e)rare 13 ▲ benutzen, (ge)brauchen
aerare 12 ▲ lüften
affacciare 11 ▲ (sich) zeigen
affascinare 13 ▲ bezaubern
affascinare 9 bündeln
affaticare 10 ▲ anstrengen, ermüden
affiancare 10 ▲ zur Seite stellen; (unter)stützen
affibbiare 14 ▼ zuschnallen, zuschnüren
affiggere 30 [34] anschlagen, anheften
affiliare 14 ▼ aufnehmen
affissi, -so *s.* **affiggere**
affliggere 29 [25] quälen, belasten
afflissi, -flitto *s.* **affliggere**
affluire 34 ▲ zufließen, zuströmen
affogare (*tr. ausil.:* **avere**) 10 ▼ ertränken
affogare (*itr. ausil.:* **essere**) 10 ▼ ertrinken
affrancare 10 ▲ befreien; frankieren, freimachen
affumicare 13 ▼ verräuchern; räuchern
agevolare 13 ▼ erleichtern
agganciare 11 ▲ anhängen, ankuppeln
aggiudicare 13 ▼ vergeben; zuerkennen
aggiungere 29 [24] hinzufügen, beifügen
agglomerare 13 ▼ anhäufen
agglutinare 13 ▼ kleben, zusammenheilen
aggranchire 34 ▲ erstarren lassen, starr machen
aggredire 34 ▲ angreifen, überfallen
aggregare 10 ▼ angliedern
agire 34 ▲ handeln, tun
agitare 12 ▲ schütteln; schwenken; erregen
albeggiare (*ausil.:* **essere**) 11 ▼ dämmern, tagen
albergare 10 ▼ beherbergen, aufnehmen
allacciare 11 ▲ zuschnüren, zubinden
allargare 10 ▼ erweitern; verbreitern; ausbreiten; ausdehnen
allegare 10 ▼ beifügen, beilegen
alleggerire 34 ▲ leichter machen; erleichtern
allestire 34 ▲ herrichten, ausstatten; dekorieren
allineare 13 ▲ aufreihen

allogare 10 ▼ stellen, unterbringen, versorgen
alloggiare 11 ▼ beherbergen, unterbringen
allucinare 13 ▲ halluzinieren
alludere 28 [6] anspielen
allungare 10 ▼ verlängern, länger machen
allusi, -so *s.* **alludere**
alterare 12 ▲ (ver)ändern; (ver)fälschen
altercare 10 ▲ streiten, zanken
amalgamare 13 ▲ amalgamieren; vermengen
amareggiare 11 ▼ verbittern
ammesso *s.* **ammettere**
ammettere 30 [26] zulassen, annehmen; zugeben
ammisi *s.* **ammettere**
ammobiliare 14 ▼ möblieren, einrichten
ammonire 34 ▲ ermahnen; rügen; belehren; verwarnen
ammonticchiare 14 ▼ (auf)stapeln
ammucchiare 14 ▼ anhäufen
ammuffire (*ausil.:* **essere**) 34 ▲ (ver)schimmeln; verkümmern
ammutolire (*ausil.:* **essere**) 34 ▲ verstummen
amnistiare 14 ▲ Amnestie erlassen
ampliare 14 ▼ erweitern, ausdehnen
amplificare 13 ▲ erweitern; verstärken
amputare 12 ▲ amputieren
andare 12 ▼ gehen
angosciare 11 ▲ ängstigen
animare 12 ▲ beleben
annegare (*tr. ausil.:* **avere**) 10 ▼ ertränken, ersäufen
annegare (*itr. ausil.:* **essere**) 10 ▼ ertrinken
annerire 34 ▲ schwärzen
annessi, -so *s.* **annettere**
annettere 31 [41] anbauen, anfügen; annektieren (*pass. rem. a.* **annettei**)
annoiare 14 ▼ langweilen
annunciare 11 ▲ bekanntgeben; ansagen; ankündigen
annunziare 14 ▼ bekanntgeben; ansagen; ankündigen
anticipare 13 ▲ vorziehen; vorwegnehmen
apersi, aperto *s.* **aprire**
appaio *s.* **apparire**
apparecchiare 14 ▼ (vor)bereiten, herrichten; decken
apparire 34 ▼ erscheinen; scheinen
apparsi, -so *s.* **apparire**
appartenere (*ausil.:* **avere/essere**) 25 ▼ gehören; angehören
apparvi *s.* **apparire**
appassire 34 ▲ (ver)welken
appendere 30 [35] aufhängen
appesi, -so *s.* **appendere**
appetire 34 ▲ Appetit machen
appiccare (il fuoco) 10 ▲ in Brand setzen
appiccicare 13 ▲ anheften, ankleben
appigliarsi 14 ▼ sich festhalten; sich klammern
applaudire (*ausil.:* **avere**) 34 ▲ applaudieren
applicare 10 ▲ anbringen; aufkleben; auferlegen; anwenden
appoggiare (*ausil.:* **essere**) 11 ▼ (ab)stellen; anlehnen
apprendere 30 [35] (er)lernen
appresi, -so *s.* **apprendere**
approfondire 34 ▲ vertiefen, tiefer machen; genau prüfen
approssimare 13 ▲ (an)nähern
aprire 35 ▲ öffnen
ardere (*ausil.:* **avere/essere**) 31 [47] (ver)brennen
ardire 34 ▲ wagen
arieggiare 11 ▼ lüften
arrabbiare (*ausil.:* **essere**) 14 ▼ tollwütig werden
arrabbiarsi 14 ▼ wütend werden
arrampicarsi 13 ▲ klettern
arrangiarsi 11 ▼ zurechtkommen
arricchire (*ausil.:* **essere**) 34 ▲ bereichern; anreichern
arricciare 11 ▼ kräuseln; locken

arridere 31 [40] zulächeln

arrischiare 14 ▼ riskieren, wagen

arrisi, -so *s.* **arridere**

arrogarsi 10 ▼ sich anmaßen

arrossire (*ausil.:* **essere**) 34 ▲ erröten

arrostire (*ausil.:* **essere**) 34 ▲ braten; rösten; grillen

arrotolare 13 ▲ aufrollen, zusammenrollen

arrugginire (*ausil.:* **essere**) 34 ▲ rosten lassen, rostig machen

arsi, arso *s.* **ardere**

articolare 13 ▲ artikulieren, aussprechen; gliedern

ascendere (*ausil.:* **essere**) 30 [35] hinaufsteigen

ascesi, -so *s.* **ascendere**

asciugare 10 ▼ trocknen; abtrocknen

aspergere 31 [47]

assaggiare 11 ▼ kosten, versuchen, probieren

assalire 37 ▼ angreifen; überfallen (*pass. rem. a.* **assalsi**)

assentire 33 zustimmen

asserire 34 ▲ behaupten, beteuern, versichern

assiderare 13 ▲ erfrieren lassen

assistere 32 teilnehmen, anwesend sein; helfen

associare 11 ▲ als Mitglied aufnehmen; vereinigen; assoziieren

assolsi, -solto *s.* **assolvere**

assolvere 28 [3] freisprechen; entbinden

assomigliare (*ausil.:* **avere/ essere**) 14 ▼ ähneln, gleichen

assopirsi 34 ▲ einnicken

assorbire (*ausil.:* **avere**) 34 ▲ aufsaugen; absorbieren; vereinnahmen

assordare 9 taub machen, betäuben, dämpfen

assortire 34 ▲ sortieren, zusammenstellen

assottigliare 14 ▼ dünner/feiner machen

assumere 28 [4] annehmen

assunsi, -sunto *s.* **assumere**

astenersi 25 ▼ sich enthalten

astergere 31 [47] abtrocknen, abwischen

astraggo *s.* **astrarre**

astrarre 26 ▲ abstrahieren

astretto *s.* **astringere**

astringere 31 [50] adstringieren

attaccare 10 ▲ befestigen; anfangen; angreifen

atteggiarsi 11 ▼ sich gebärden, sich verhalten

attendere 30 [35] erwarten, warten auf

attenersi 25 ▼ sich halten

attesi, -so *s.* attendere

attingere 29 [22] schöpfen; entnehmen

attorcere 31 [45] drehen, aufwickeln

attraggo *s.* **attrarre**

attrarre 26 ▲ anziehen; verlocken

attribuire 34 ▲ zuerkennen; zuschreiben; beimessen

augurare 12 ▲ wünschen

autenticare 13 ▲ beglaubigen

avere 5 haben

avvantaggiare 11 ▼ bevorteilen, begünstigen

avvenire 39 ▼ geschehen, passieren, sich ereignen

avvertire (*ausil.:* **avere**) 33 aufmerksam machen, hinweisen; warnen

avviare 14 ▲ hinführen; einleiten

avvolgere 32 [54] wickeln; umwickeln; aufwickeln

avvoltolare 13 ▲ zusammenwickeln, -rollen

B

baciare 11 ▲ küssen

barricare 10 ▲ verbarrikadieren

beccare 10 ▲ (auf)picken; erwischen

benedire 19 ▲ segnen

bere 17 ▲ trinken

bevo, bevvi *s.* **bere**

biancheggiare 11 ▼ weiß leuchten, weißen
biforcarsi 10 ▲ sich gabeln
bilanciare 11 ▼ balancieren mit; ausgleichen, im Gleichgewicht halten
bisbigliare 14 ▼ (zu)flüstern, wispern
bloccare 10 ▲ (ab)sperren, verriegeln; sperren, blockieren
bocciare 11 ▼ durchfallen lassen; ablehnen
bollire (*ausil.:* **avere**) 33 kochen, sieden
bonificare 13 ▲ urbar machen; trockenlegen
brontolare 12 ▲ murren, brummen; grollen
bruciare (*tr. ausil.:* **avere**) 11 ▼ verbrennen; anbrennen lassen
bruciare (*itr. ausil.:* **essere**) 11 ▼ brennen
brulicare 10 ▲ wimmeln
bucare 10 ▲ durchlöchern; lochen
buscarsi 10 ▲ kriegen

C

cacciare 11 ▲ jagen; verjagen, vertreiben
caddi *s.* **cadere**
cadere 17 ▼ (hin-, um)fallen; hinunterfallen, -stürzen
calcolare 12 ▲ berechnen, ermitteln; abwägen
cambiare (*tr. ausil.:* **avere**) 14 ▼ (ver)tauschen; wechseln
cambiare (*itr. ausil.:* **essere**) 14 ▼ sich verändern
campeggiare 11 ▼ campen, zelten; hervorstechen
capire 34 ▲ verstehen, begreifen; hören
capitare (*ausil.:* **essere**) 12 ▲ (zufällig) kommen, geraten; sich bieten
caricare 10 ▲ (be)laden; aufladen; laden
cascare (*ausil.:* **essere**) 10 ▲ fallen
castigare 10 ▼ bestrafen
cavalcare 10 ▲ reiten; aufsteigen auf; besteigen
celebrare 12 ▲ feiern; zelebrieren
cercare 10 ▲ suchen; nachschlagen; streben nach; versuchen
chiacchierare 13 ▲ plaudern, schwatzen
chiarificare 10 ▲ klären; klarstellen
chiarire 34 ▲ klären, klarstellen; aus der Welt schaffen
chiedere 28 [5] fragen nach; bitten um, erbitten
chiesi *s.* **chiedere**
chiesto *s.* **chièdere**
chiudere 28 [6] schließen, zumachen; (ver)sperren
chiusi, -so *s.* **chiudere**
cingere 29 [22] umschließen, umgeben; umhüllen
cinsi, cinto *s.* **cingere**
circolare (*ausil.:* **avere/essere**) 12 ▲ fahren; fließen; sich bewegen; zirkulieren
coesistere 32 [56] nebeneinander bestehen; koexistieren
cogliere 23 ▼ pflücken; ernten; ergreifen; erfassen
coincidere 28 [12] zusammenfallen; sich entsprechen; übereinstimmen
colgo *s.* **cogliere**
collaborare 13 ▲ mitarbeiten, zusammenarbeiten; kollaborieren
collegare 10 ▼ verbinden; in Verbindung setzen
collocare 10 ▲ setzen, stellen, legen; unterbringen
colorire 34 ▲ kolorieren; ausschmücken
colpire 34 ▲ treffen; schlagen; beeindrucken
colsi, colto *s.* **cogliere**
cominciare (*tr. ausil.:* **avere**) 11 ▲ anfangen (mit); beginnen (mit)
cominciare (*itr. ausil.:* **avere/ essere**) 11 ▲ anfangen (mit); beginnen (mit)

commesso *s.* **commettere**
commettere 30 [26] begehen
commisi *s.* **commettere**
commossi, -mosso *s.* **commuovere**
commuovere 20 ▼ rühren, ergreifen, bewegen
comparire 34 ▼ erscheinen; auftreten, in Erscheinung treten
compartire 34 ▲ *od.* 33 auf-, einteilen
compiacere (*ausil.:* **avere**) 21 ▼ entgegenkommen; zufriedenstellen
compiangere 30 [32] bedauern
compitare 12 ▲ buchstabieren
complicare 10 ▲ komplizieren, schwierig(er) machen
compongo *s.* **comporre**
comporre 22 ▲ bilden; verfassen; komponieren
composi, -posto *s.* **comporre**
comprendere 30 [35] verstehen, begreifen; umfassen, enthalten
compresi, -so *s.* **comprendere**
compressi, -presso *s.* **comprimere**
comprimere 29 [13] zusammendrücken; komprimieren
compungere (*ausil.:* **avere**) 29 [24]
compunsi, -punto *s.* **compungere**
computare 12 ▲ berechnen; ausrechnen
comunicare 10 ▲ mitteilen; bekannt geben
concedere 28 [7] gewähren, zugestehen; einräumen
concessi, -so *s.* **concedere**
concludere 28 [6] beenden, abschließen; schließen, folgern
conclusi, -so *s.* **concludere**
concorrere (*ausil.:* **avere**) 28 [10] teilnehmen; sich bewerben; mitmachen
concorsi, -so *s.* **concorrere**
condire 34 ▲ würzen, abschmecken
condiscendere 31 [44] eingehen, einwilligen
condolersi 19 ▼ Beileid aussprechen, mittrauern
condotto, -ducos. *s.* **condurre**
condurre 18 ▲ fahren, führen; begleiten; leiten
condussi *s.* **condurre**
configgere 31 [25]
confiscare 10 ▲ konfiszieren, beschlagnahmen
confissi, -fitto *s.* **configgere**
confondere 28 [8] verwechseln, durcheinander bringen
confusi, -so *s.* **confondere**
congiungere (*ausil.:* **avere**) 29 [24] verbinden; falten
congratularsi 13 ▲ gratulieren
connessi, -so *s.* **connettere**
connettere 31 [41] verbinden, zusammenfügen
conobbi *s.* **conoscere**
conoscere 28 [9] kennen; sich auskennen; können
conseguire (*tr. ausil.:* **avere**) 33 erreichen, erlangen
conseguire (*itr. ausil.:* **essere**) 33 folgen, hervorgehen
consentire (*ausil.:* **avere**) 33 zustimmen; zulassen
considerare 13 ▲ berücksichtigen, bedenken; abwägen, abschätzen
consigliare 14 ▼ raten, empfehlen; beraten
consistere 32 [57] bestehen
consolidare 13 ▲ festigen; konsolidieren; ausbauen; vertiefen
constare (*ausil.:* **essere**) 9 bestehen; sich ergeben
conteggiare 11 ▼ ausrechnen
contendere 30 [35] streitig machen (wollen); rivalisieren
contenere 25 ▼ enthalten, fassen
contesi, -so *s.* **contendere**
continuare (*ausil.:* **avere/essere**) 13 ▲ fortfahren, weitermachen, andauern
contorcere 31 verdrehen
contraddire 19 ▲ widersprechen
contraffare 20 ▲ nachmachen, imitieren; fälschen (*1. Pers. Präs. a.* **contraffò**)

contraggo *s.* **contrarre**
contrapporre 22 ▲ entgegensetzen; entgegenstellen
contrarre 26 ▲ (ab)schließen; schließen; übernehmen; sich zuziehen
contrassi, -tratto *s.* **contrarre**
contravvenire (*ausil.:* **avere**) 39 ▼ zuwiderhandeln
contribuire 34 ▲ beitragen, sich beteiligen
convalidare 13 ▲ bestätigen
convengo *s.* **convenire**
convenire (*ausil.:* **avere/essere**) 39 ▼ zusammenkommen; sich einigen, übereinstimmen; angemessen sein; passen
convergere 31 [47] zusammenlaufen; übereinstimmen
convertire (*ausil.:* **avere**) 33 umwandeln; bekehren; konvertieren; verwandeln
convincere 32 [53] überzeugen
convivere (*ausil.:* **avere/essere**) 27 ▼ zusammenlegen
convocare 10 ▲ zusammenrufen; einberufen
cooperare 13 ▲ zusammenarbeiten, kooperieren; mitarbeiten
coordinare 13 ▲ koordinieren; beiordnen
copersi, -to *s.* **coprire**
coprire 35 ▲ bedecken; einhüllen
correggere 29 [25] korrigieren, verbessern
correre 28 [10] laufen, rennen; fahren
corressi, corretto *s.* **correggere**
corrispondere 31 [42] entsprechen, übereinstimmen; korrespondieren
corroborare 13 ▲ stärken
corrodere 28 [6] zersetzen, zerfressen
corrompere 31 [43] korrumpieren; bestechen; verderben
corrosi, -so *s.* **corrodere**
corrotto *s.* **corrompere**
corruppi *s.* **corrompere**
corsi, corso *s.* **correre**
cospargere 31 [47] bestreuen; übersäen
cossi *s.* **cuocere**
costituire 34 ▲ gründen; darstellen; bilden; ernennen; konstituieren
costretto *s.* **costringere**
costringere 31 [50] zwingen
costrinsi *s.* **costringere**
costruire 34 ▲ (er-, auf)bauen; konstruieren; errichten
cotto *s.* **cuocere**
crebbi *s.* **crescere**
crescere 28 [11] wachsen; zunehmen
criticare 10 ▲ kritisieren; besprechen
crocifiggere 30 [34] kreuzigen
cucire (*ausil.:* **avere**) 33 nähen (*1. Pers. Präs.:* **cucio**)
culminare (*ausil.:* **essere**) 12 ▲ gipfeln, kulminieren
cuocere 13 ▲ garen; braten; backen

D

dà *s.* **dare**
dai *s.* **dare**
danneggiare 11 ▼ beschädigen; schädigen, schaden
danno *s.* **dare**
dare 13 ▼ geben; überreichen
date *s.* **dare**
debbo *s.* **dovere**
decadere 17 ▼ verfallen; verarmen;
decidere 28 [12] beschließen, entscheiden
decisi, -so *s.* **decidere**
decrescere 28 [11] abnehmen; zurückgehen, fallen
dedicare 10 ▲ widmen; weihen
dedotto, -duco *s.* **dedurre**
dedurre 18 ▲ folgern, schließen; abziehen
dedussi *s.* **dedurre**
definire 34 ▲ beschreiben; definieren, erklären
delegare 10 ▼ beauftragen, delegieren; ermächtigen

deludere 28 [6] enttäuschen
delusi, -so *s.* **deludere**
demmo *s.* **dare**
demolire 34 ▲ demolieren; abreißen; verschrotten
denominare 13 ▲ (be)nennen, bezeichnen;
denunciare 11 ▲ anzeigen; brandmarken; (an)melden
denunziare 14 ▼ anzeigen; brandmarken; (an)melden
depongo *s.* **deporre**
deporre 22 ▲ absetzen, ablegen; (nieder)legen
deposi *s.* **deporre**
depositare 13 ▲ absetzen, -stellen, -legen; deponieren, hinterlegen
deposto *s.* **deporre**
depressi, -o *s.* **deprimere**
deprimere 29 [13] deprimieren, bedrücken
deragliare 14 ▼ entgleisen
deridere 31 [40] auslachen, verspotten
descrivere 31 [46] beschreiben; schildern
desiderare 13 ▲ wünschen; begehren
desistere 32 [58] zurücknehmen; absehen
dessi *s.* **dare**
desti *s.* **dare**
desumere 28 [4] folgern, schließen
desunsi, -sunto *s.* **desumere**
detenere 25 ▼ besitzen, bei sich führen; halten; innehaben
detergere 31 [47]
determinare 13 ▲ festlegen, bestimmen
detrarre 26 ▲ abziehen, abrechnen
detto *s.* **dire**
devo *s.* **dovere**
dia *s.* **dare**
diamo *s.* **dare**
diano, diate *s.* **dare**
dico *s.* **dire**
diedi *s.* **dare**
difendere 31 [14] verteidigen; vertreten; schützen
difesi, -so *s.* **difendere**
differire 34 ▲ verschieben; aufschieben; unterschiedlich sein, differieren
diffondere 29 [23] aus-, verbreiten
diffusi, -so *s.* **diffondere**
digerire 34 ▲ verdauen; fressen, bewältigen; ertragen
dilaniare 14 ▼ zerreißen, zerfetzen; zerfleischen
dimenticare 13 ▲ vergessen; vernachlässigen
dimettere 30 [26] entlassen;
diminuire (*tr. ausil.:* **avere**) 34 ▲ vermindern, verringern
diminuire (*itr. ausil.:* **essere**) 34 ▲ geringer werden; abnehmen
dipendere (*ausil.:* **essere**) 30 [35] abhängen, bedingt sein, beruhen
dipesi, -so *s.* **dipendere**
dipingere 31 [22] malen; (aus-, be)malen; zeichnen
dipinsi, -to *s.* **dipingere**
dire 19 ▲ sagen; erzählen; sprechen, reden; heißen, bedeuten
diressi *s.* **dirigere**
diretto *s.* **dirigere**
dirigere 29 [15] leiten, führen; lenken; dirigieren; richten
discendere 30 [35] abstammen; hinunter-, hinabsteigen; aussteigen
discesi, -so *s.* **discendere**
disciogliere 23 ▼ auflösen; befreien
disciolgo, -sciolsi, -sciolto *s.* **disciogliere**
disconoscere 28 [9] nicht anerkennen
discorrere (*ausil.:* **avere**) 28 [10] sich unterhalten, reden
discorsi, -so *s.* **discorrere**
discreditare 13 ▲ in Verruf bringen, diskreditieren
discussi, -so *s.* **discutere**

discutere 29 [16] diskutieren, besprechen, erörtern; bestreiten, bezweifeln
disdire 19 ▲ kündigen; rückgängig machen, stornieren
disfare 20 ▲ auflösen; zerstören; auf-, abdecken (*1. Pers. Präs. a.* **disfò, disfo**)
disgiungere (*ausil.:* **avere**) 29 [24]
disgregare 10 ▼ auseinander brechen (lassen), zersplittern
disparire 34 ▼ verschwinden
dispiacere 21 ▼ missfallen, nicht gefallen, nicht zusagen
disporre 22 ▲ aufstellen, anordnen; vorbereiten, einstimmen; veranlassen
disputare 12 ▲ disputieren, diskutieren; (sich) streiten
dissi *s.* **dire**
dissimulare 13 ▲ verheimlichen, verbergen; verhehlen; vorspiegeln, heucheln
dissolsi, -solto *s.* **dissolvere**
dissolvere 28 [3] auflösen; zerstreuen; vertreiben
dissuadere 30 [31] abbringen, ausreden
dissuasi, -so *s.* **dissuadere**
distaccare 10 ▲ abnehmen, ablösen, trennen; wegbringen, entfernen
distendere 30 [35] ausbreiten; ausstrecken; (hin)legen; entspannen
distesi, so *s.* **distendere**
distinguere 29 [17] auseinander halten, unterscheiden; wahrnehmen; erkennen
distinsi, -to *s.* **distìnguere**
distogliere 23 ▼ abbringen; ablenken; abwenden
distolgo, -tolsi, -tolto *s.* **distogliere**
distorcere 31 [45] verziehen, verzerren; entstellen
distrarre 26 ▲ ablenken; zerstreuen
distribuire 34 ▲ verteilen, austeilen; versorgen mit; austragen, zustellen
distruggere 29 [18] zerstören, vernichten; ausrotten, zunichte machen
distrussi, -strutto *s.* **distruggere**
divellere 31 [51] entwurzeln, ausreißen
divengo *s.* **divenire**
divenire 35 ▼ werden
diverrò *s.* **divenire**
divertire (*ausil.:* **avere**) 33 unterhalten, amüsieren, vergnügen
dividere 29 [19] (auf)teilen; dividieren
divieni *s.* **divenire**
divisi, -so *s.* **dividere**
divorziare 14 ▼ sich scheiden lassen
do *s.* **dare**
dobbiamo *s.* **dovere**
docciare 11 ▲ duschen
ci dogliamo *s.* **dolersi**
dolersi 19 ▼ Schmerz empfinden, bedrückt sein
mi dolgo *s.* **dolersi**
mi dolsi *s.* **dolersi**
domesticare 10 ▲ zähmen, bändigen
dominare 12 ▲ (be)herrschen; überlegen sein; dominieren
dondolare 12 ▲ schaukeln
doppiare 14 ▼ umschiffen; überrunden; synchronisieren
dormire (*ausil.:* **avere**) 33 schlafen; ruhen
mi dorrò *s.* **dolersi**
dovere 7 ▲ müssen, sollen
drappeggiare 11 ▼ drappieren; einhüllen
dubitare 12 ▲ (be-, an)zweifeln, in Zweifel sein; misstrauen
ti duoli *s.* **dolersi**
duplicare 10 ▲ duplizieren

E

e *s.* **essere**
ebbi *s.* **avere**
eccellere (*ausil.:* **avere/essere**) 28 [10] sich auszeichnen, hervortun; überlegen sein
eccelsi, -so *s.* **eccellere**

eccettuare 13 ▲ ausnehmen, ausschließen, absehen von
eccitare 12 ▲ erregen, aufregen; aufhetzen; anregen
echeggiare (*ausil.*: **avere/essere**) 11 ▼ widerhallen, (er)tönen
edificare 10 ▲ (er)bauen, errichten
educare 10 ▲ erziehen; gewöhnen
eleggere 29 [25] wählen
elessi, eletto *s.* **eleggere**
elidere 28 [12] elidieren
eliminare 13 ▲ beseitigen, entfernen; ausschließen, ausscheiden; aus dem Weg räumen
elisi, -so *s.* **elidere**
eludere 28 [6] ausweichen, umgehen
elusi, -so *s.* **elùdere**
emergere (*ausil.*: **essere**) 31 [47] emporragen; auftauchen; sich hervortun; deutlich werden
emersi, -so *s.* **emergere**
emettere 30 [26] hervor-, herausbringen; ausstrahlen
emulare 12 ▲ nacheifern
enumerare 13 ▲ aufzählen
equipaggiare 11 ▼ ausrüsten; bemannen
equivalere (*ausil.*: **avere/essere**) 26 ▼ entsprechen, gleichkommen
era, erano *s.* **essere**
eravamo, -vate *s.* **essere**
eressi, eretto *s.* **erigere**
ergere 29 [22] erheben, emporrichten
eri *s.* **essere**
erigere 29 [15] errichten, erbauen; gründen
ero *s.* **essere**
ersi, erto *s.* **ergere**
esagerare 13 ▲ übertreiben
esaminare 13 ▲ prüfen; untersuchen; vernehmen, verhören
esatto *s.* **esigere**
esca, esce, esci *s.* **uscire**
escludere 28 [6] ausschließen
esclusi, -so *s.* **escludere**
esco *s.* **uscire**
eseguire (*ausil.*: **avere**) 33 *od.* 34 ▲ aus-, durchführen; vortragen
esercitare 13 ▲ ausüben; üben
esibire 34 ▲ vorzeigen, vorlegen; zeigen, zur Schau stellen
esigere 32 [59] verlangen, fordern
esistere 32 [60] existieren, bestehen; vorhanden sein; leben
espandere 31 [47] ausdehnen, erweitern
espansi, -so *s.* **espandere**
espellere 29 [20] aus-, verweisen; ausstoßen, ausschließen
esplodere (*itr. ausil.*: **avere/ essere**) 29 [12] explodieren; ausbrechen
esplodere (*tr. ausil.*: **avere**) 29 [12] abfeuern
esplosi, -so *s.* **esplodere**
espongo *s.* **esporre**
esporre 22 ▲ aussetzen, ausstellen
esposi, -posto *s.* **esporre**
espressi, so *s.* **esprimere**
esprimere 29 [21] ausdrücken, zum Ausdruck bringen
espulsi, -so *s.* **espellere**
essere 6 sein
estendere 30 [35] erweitern, vergrößern; ausdehnen
estesi, -so *s.* **estendere**
estinguere 29 [17] löschen; tilgen
estinsi, -lo *s.* **estinguere**
estraggo *s.* **estrarre**
estrarre 26 ▲ aus-, herausziehen
estrassi, -tratto *s.* **estrarre**
evadere (*itr. ausil.*: **essere**) 30 [36] ausbrechen; sich befreien; fliehen
evadere (*tr. ausil.*: **avere**) 30 [36] bearbeiten, erledigen; sich entziehen
evasi, -so *s.* **evadere**
evitare 12 ▲ vermeiden; meiden; umgehen, ausweichen
evocare 10 ▲ beschwören, heraufbeschwören

F

fa *s.* **fare**
fabbricare 10 ▲ (er-, auf)bauen; herstellen; erfinden
faccia, facciamo *s.* **fare**
faccio *s.* **fare**
facevo *s.* **fare**
facilitare 13 ▲ erleichtern; entgegenkommen; helfen, nützen
fai *s.* **fare**
fallire (*itr. ausil.:* **essere**) 34 ▲ Konkurs machen; misslingen, scheitern
fallire (*tr. ausil.:* **avere**) 34 ▲ verfehlen
falsificare 13 ▲ fälschen
fanno *s.* **fare**
fare 20 ▲ machen; verfassen; ausüben
fasciare 11 ▲ verbinden; wickeln; umschließen
fascinare *s.* **affascinare**
fatto *s.* **fare**
favorire 34 ▲ begünstigen; fördern
feci *s.* **fare**
felicitarsi 13 ▲ sich freuen
fendere 16 spalten; durchpflügen (*Part. a.* **fesso**)
ferire 34 ▲ verletzen; verwunden; blenden
festeggiare 11 ▼ feiern; festlich empfangen
ficcare 10 ▲ stecken
figgere 29 [25] stecken, schlagen, treiben
fingere 29 [22] vortäuschen; sich verstellen, so tun
finire (*tr. ausil.:* **avere**) 34 ▲ beenden, abschließen; aufhören; verbrauchen
finire (*itr. ausil.:* **essere**) 34 ▲ zu Ende gehen, ausgehen; sterben
finsi, finto *s.* **fingere**
fiorire (*itr. ausil.:* **essere**) 34 ▲ blühen
fiorire (*tr. ausil.:* **avere**) 34 ▲ verzieren, schmücken
fischiare 14 ▼ pfeifen, zischen
fissi, fitto *s.* **figgere**
flessi, flesso *s.* **flettere**
flettere 31 [41] biegen, beugen
fluire (*ausil.:* **essere**) 34 fließen; strömen
foderare 12 füttern; einbinden
fondere 29 [23] schmelzen; gießen; verschmelzen
formulare 12 formulieren
fornire 34 ▲ versorgen, beliefern, liefern
fortificare 10 ▲ befestigen; kräftigen, stärken
fosse, fossero *s.* **essere**
fossi, fossimo *s.* **essere**
foste, fosti *s.* **essere**
fotografare 13 ▲ fotografieren, aufnehmen
frangere 30 [32] brechen, sich brechen
fransi, franto *s.* **frangere**
frapporre 22 ▲ dazwischenlegen, -stellen, -setzen
fregare 10 ▼ scheuern; anschmieren; klauen
friggere 29 [25] backen, braten; fritieren
frissi, fritto *s.* **friggere**
fu *s.* **essere**
fuggire (*itr. ausil.:* **essere**) 33 fliehen, flüchten; davoneilen
fuggire (*tr. ausil.:* **avere**) 33 meiden, fliehen
fui *s.* **essere**
fummo *s.* **essere**
fungere 29 [22] fungieren; amtieren
funsi, funto *s.* **fungere**
furono *s.* **essere**
fusi, fuso *s.* **fondere**

G

galleggiare 11 ▼ schwimmen, treiben
garantire 34 ▲ bürgen; haften; Garantie leisten; garantieren, versichern
germogliare (*ausil.:* **avere/essere**) 14 ▼ sprießen, treiben; keimen
giaccio *s.* **giacere**

giacere 21 ▼ ruhen
giacqui *s.* **giacere**
giganteggiare 11 ▼ hervor-, herausragen; hervorstechen
giocare 10 ▲ spielen; spekulieren
giubilare 12 ▲ frohlocken; jubilieren
giudicare 10 ▲ entscheiden; verurteilen; beurteilen
giungere 29 [24] (an)kommen, eintreffen
giunsi, giunto *s.* **giungere**
gioco *s.* **giocare**
giustificare 10 ▲ rechtfertigen; entschuldigen
gradire 34 ▲ (gern) mögen, annehmen; wünschen
guarire (*tr. ausil.:* **avere**) 34 ▲ heilen, gesund machen
guarire (*itr. ausil.:* **essere**) 34 ▲ gesund werden, genesen

H

ha, hai *s.* **avere**
hanno *s.* **avere**
ho *s.* **avere**

I

illudere 28 [6] falsche Hoffnungen machen
illuminare 13 ▲ be-, erleuchten, erhellen; aufklären
illusi, -so *s.* **illudere**
imbalsamare 13 ▲ einbalsamieren; ausstopfen
imbarcare 10 ▲ einschiffen, an Bord nehmen
imbastire 34 ▲ heften, (an)reihen; entwerfen
imbiancare (*tr. ausil.:* **avere**) 10 ▲ weiß färben; weißwaschen; bleichen
imbiancarsi 10 ▲ weiß werden
imboccare 10 ▲ füttern; einflüstern; einbiegen
imbottigliare 14 ▼ (in Flaschen) abfüllen
imbottire 34 ▲ füllen; wattieren; polstern
imbrogliare 14 ▼ durcheinanderbringen; in die Irre führen; betrügen
imbucare 10 ▲ einwerfen; ver-, ablegen
imitare 12 ▲ imitieren, nachahmen
immaginare 13 ▲ sich vorstellen; sich ausdenken; erfinden
immergere 31 [47] (ein)tauchen; hineinstoßen; versenken
immersi, -so *s.* **immergere**
immischiare 14 ▼ hineinziehen, verwickeln
impaccare 10 ▲ ver-, einpacken
impadronirsi 34 ▲ sich bemächtigen; sich aneignen
impallidire (*ausil.:* **essere**) 34 ▲ erblassen; verblassen
impazientirsi 34 ▲ ungeduldig werden
impedire 34 ▲ behindern; versperren; hindern; abhalten
impicciare 11 ▲ behindern; stören; versperren
impiegare 10 ▼ anwenden; verwenden; brauchen; verbringen
imporre 22 ▲ vorschreiben; auferlegen; aufzwingen
imprecare 10 ▲ fluchen
impressi, -so *s.* **imprimere**
imprimere 29 [13] auf-, einprägen; aufdrücken; verleihen
inamidare 13 ▲ stärken
inaugurare 13 ▲ feierlich eröffnen; eröffnen, einweihen
incaricare 10 ▲ beauftragen
incidere 28 [12] belasten; sich auswirken auf
incidere 28 [12] ein-, aufschneiden; (ein)ritzen
incisi, -so *s.* **incidere**
includere 28 [6] einfügen; einschließen, einbeziehen
inclusi, -so *s.* **includere**
incominciare (*tr. ausil.:* **avere**) 11 ▲ beginnen, anfangen
incominciare (*itr. ausil.:* **avere/ essere**) 11 ▲ beginnen, anfangen

incorniciare 11 ▲ (ein)rahmen; umrahmen

incorporare 13 ▲ vermengen; einverleiben; eingliedern

incorrere (*ausil.:* **essere**) 28 [10] verfallen

incrociare 11 ▲ kreuzen; verschränken; treffen, begegnen

incussi, -so *s.* **incutere**

incutere 31 [16] einflößen; einjagen

indagare 10 ▼ erforschen; ermitteln

indebolire 34 ▲ schwächen

indicare 12 ▲ zeigen auf; (an)zeigen, angeben; empfehlen

indire 19 ▲ ansagen; ausschreiben; einberufen

indotto, -duco *s.* **indurre**

indulgere 32 [54] Nachsicht haben, sich hingeben, fröhnen

indulsi, -dulto *s.* **indulgere**

indurre 18 ▲ bewegen, veranlassen; verleiten; verführen

indussi *s.* **indurre**

infiggere 30 [34] (hin)einschlagen; (hin)einrammen (*Part. a.* **infitto**)

infissi, -so *od.* **-fitto** *s.* **infiggere**

infliggere 29 [25] auferlegen, verhängen

inflissi, -flitto *s.* **infliggere**

influire 34 ▲ einwirken, beeinflussen

infondere 28 [8] einflößen; erwecken

infrangere 30 [32] zerbrechen; brechen, übertreten

inghiottire (*ausil.:* **avere**) 34 ▲ (hinunter)schlucken; (ver)schlucken, -schlingen

inginocchiarsi 14 ▼ sich niederknien

ingrandire (*tr. ausil.:* **avere**) 34 ▲ vergrößern; steigern

ingrandire (*itr. ausil.:* **essere**) 34 ▲ groß (größer) werden, wachsen

inscrivere 31 [46] einschreiben

inserire 34 ▲ einfügen, -stecken

insidiare 14 ▼ auflauern, in einen Hinterhalt locken

insistere 32 [61] bestehen, beharren

insorgere (*ausil.:* **essere**) 31 [45] aufstehen, sich erheben; erscheinen

insorsi, -sorto *s.* **insorgere**

intascare 10 ▲ einstecken, in die Tasche stecken

intendere 30 [35] auslegen, deuten; verstehen; vernehmen, hören

interdire 19 ▲ untersagen, verbieten

interrogare 10 ▼ (be)fragen, anfragen bei; abhören, -fragen

interrompere 31 [43] unterbrechen, abbrechen; einstellen

intervenire 39 ▼ sich beteiligen; intervenieren; eingreifen, sich einmischen

intesi, -so *s.* **intendere**

intimidire (*tr. ausili.:* **avere**) 34 ▲ schüchtern/ängstlich machen

intimidirsi 34 ▲ schüchtern/ängstlich werden

intimorire 34 ▲ (ver)ängstigen, (ver)schüchtern

intingere 29 [22] eintauchen, -tunken

intitolare 13 ▲ betiteln, überschreiben; widmen

intonacare 10 ▲ verputzen

intossicare 10 ▲ vergiften

intraprendere 30 [35] unternehmen; einschlagen

intrattenere 25 ▼ unterhalten

intra(v)vedere 27 ▲ erblicken

intrecciare 11 ▲ flechten, verschlingen, (ver)kreuzen; knüpfen, spinnen

intricare 10 ▲ verwickeln, verwirren

intridere 28 [12] einrühren, einkneten

intrigare 10 ▼ intrigieren

intrisi, -so *s.* **intridere**

introdotto, -duco *s.* **introdurre**

introdurre 18 ▲ (hinein)stecken, einführen; eintreten lassen; vorstellen
introdussi *s.* **introdurre**
intromettersi 30 [26] dazwischentreten; sich einmischen
intrudere 28 [6] eindringen
intrufolare 13 ▲ einschmuggeln
intrugliare 14 ▼ mischen
intrusi, -so *s.* **intrudere**
invadere 30 [36] überfallen; einnehmen; stürmen
invalere 26 ▼ durchsetzen, sich verbreiten *(meist nur 3. Pers. Sg./Pl. u. participio passato)*
invalidare 13 ▲ für ungültig erklären; anfechten
invasi, -so *s.* **invadere**
invecchiare (*itr. ausil.:* **essere)** 14 ▼ altern, alt werden
invecchiare (*tr. ausil.:* **avere)** 14 ▼ alt werden lassen; alt machen
inverniciare 11 ▲ anstreichen, sich schminken
invertire (*ausil.:* **avere**) 34 ▲ umkehren; ändern; (aus)tauschen
investigare 10 ▼ erforschen, untersuchen
investire (*ausil.:* **avere)** 33 betrauen; verleihen; investieren; zusammenstoßen
inviare 14 ▲ (ver)schicken, (über-, ver)senden
invocare 10 ▲ anflehen, anrufen; erbitten; beschwören
invogliare 14 ▼ anregen
involgere 32 [54] einwickeln, -packen, -schlagen
inzuccherare 13 ▲ zuckern, versüßen
irridere 32 [40] auslachen
irrigare 10 ▼ bewässern
irrisi, -so *s.* **irridere**
irritare 12 ▲ reizen, ärgern, erzürnen
irrompere 31 [43] einbrechen, eindringen
iscrivere *s.* **inscrivere**
isolare 12 ▲ isolieren, (ab)trennen
istigare 10 ▼ anstiften
istituire 34 ▲ gründen; stiften; ernennen
istruire 34 ▲ unterrichten, lehren; erziehen, bilden; anleiten, instruieren

L

lacerare 12 ▲ zerreißen, zerfetzen
lambiccarsi 10 ▲ (den Kopf) zerbrechen
lambire 34 ▲ (ab)lecken; leicht berühren, streifen
laminare 12 ▲ (aus)walzen
lampeggiare (*ausil.:* **avere/essere)** 11 ▼ blitzen
lanciare 11 ▲ schleudern, werfen; abschießen
languire (*ausil.:* **avere)** 34 ▲ sich verzehren, schmachten; ermatten
lasciare 11 ▲ lassen, zurücklassen; verlassen
lastricare 10 ▲ pflastern
leccare 10 ▲ lecken, ablecken, schlecken
ledere 28 [12] verletzen, schädigen
legare 10 ▼ binden, an-, festbinden; zu-, verschnüren
leggere 29 [25] lesen; vorlesen
legittimare 13 ▲ legitimieren, als rechtsgültig anerkennen
lenire 34 ▲ lindern, mildern, stillen
lesi, leso *s.* **ledere**
lessi *s.* **leggere**
letto *s.* **leggere**
liberare 12 ▲ befreien, freilassen; entbinden
limitare 12 ▲ ein-, begrenzen; ein-, beschränken
liquefare 20 ▲ verflüssigen, flüssig machen (*1. Pers. Präs. a.* **liquefò, liquefo**)
liquidare 12 ▲ bezahlen, begleichen; auszahlen; ausverkaufen
lisciare 11 ▲ glätten; polieren
litigare 10 ▼ streiten

logorare 12 ▲ abnutzen, verschleißen
lubrificare 10 ▲ (ab)schmieren
lucidare 12 ▲ glänzend machen; putzen; polieren
lusingare 10 ▼ schmeicheln

M

macerare 12 ▲ auflösen, aufweichen
macinare 12 ▲ mahlen; fressen
magnificare 10 ▲ verherrlichen, preisen
maledire 19 ▲ verdammen, verfluchen
mancare (*itr. ausil.:* **essere**) 10 ▲ fehlen, abwesend sein; versäumen
mancare (*tr. ausil.:* **avere**) 10 ▲ verfehlen; verpassen
maneggiare 11 ▲ bearbeiten; handhaben, umgehen
mangiare 11 ▲ essen; fressen; verbrauchen; verschlingen
manipolare 13 ▲ manipulieren
mansuetare 20 ▲ zähmen
mantenere 25 ▼ (er)halten; unterhalten, ernähren; aushalten; behaupten
marcare 10 ▲ kennzeichnen, markieren
marciare 11 ▲ marschieren; laufen, gehen
mascherare 12 ▲ kostümieren, verkleiden
masticare 10 ▲ kauen; murmeln; radebrechen
meditare 12 ▲ meditieren; nachdenken, bedenken; planen, ausdenken
mendicare 10 ▲ betteln, erflehen
mentire (*ausil.:* **avere**) 34 ▲ lügen
meravigliare 14 ▼ verwundern, erstaunen
meritare 12 ▲ verdienen; einbringen; sich lohnen
mescolare 12 ▲ (ver)mischen
messo *s.* **mettere**
mettere 30 [26] setzen; stellen; legen
minacciare 11 ▲ bedrohen, drohen
mischiare 14 ▼ (ver)mischen
misi *s.* **mettere**
mistificare 10 ▲ täuschen, irreführen; fälschen
mitigare 10 ▼ mildern, lindern, dämpfen
moderare 12 ▲ vermindern, mäßigen; einschränken
modificare 10 ▲ (ab-, um-, ver)längern, modifizieren
moltiplicare 10 ▲ multiplizieren, vervielfachen, vermehren
mordere 31 [47] beißen; stechen
morire 36 ▲ sterben; eingehen
mormorare 12 ▲ murmeln, flüstern; munkeln
morsi *s.* **mordere**
morsicare 10 ▲ beißen
morso *s.* **mordere**
morto *s.* **morire**
mossi, -so *s.* **muovere**
movevo *s.* **muovere**
mugghiare 14 ▼ muhen, brüllen; heulen
muggire 34 ▲ muhen, brüllen
mungere (*ausil.:* **avere**) 29 [24] melken
munire 34 ▲ versehen, ausrüsten, ausstatten
munsi, munto *s.* **mungere**
muoio *s.* **morire**
muore, muori *s.* **morire**
muovere 20 ▼ bewegen
mutilare 12 ▲ verstümmeln; entstellen

N

nacqui *s.* **nascere**
nascere 30 [27] geboren werden; keimen
nascondere 30 [28] verstecken, verbergen; verheimlichen
nascosi *s.* **nascondere**
nascosto *s.* **nascondere**
nato *s.* **nascere**

naufragare (*ausil.:* **avere/essere**) 10 ▼ Schiffbruch erleiden; scheitern
navigare 10 ▼ zur See fahren; fliegen
negare 10 ▼ verneinen; (ab)leugnen, abstreiten
neglessi, negletto *s.* **negligere**
negligere 29 [15] vernachlässigen
nevicare (*ausil.:* **avere/essere**) 10 ▲ schneien
nitrire 34 ▲ wiehern
nociuto *s.* **nuocere**
nocqui *s.* **nuocere**
noleggiare 11 ▼ vermieten; verleihen; mieten
nominare 12 ▲ nennen, (be)nennen; erwähnen
notificare 10 ▲ bekannt geben, mitteilen; anmelden
numerare 12 ▲ nummerieren
nuocere 30 [29] schaden, Schaden zufügen, schädlich sein
nutrire (*ausil.:* **avere**) 33 *od.* 34 ▲ nähren, ernähren; fördern, pflegen

O

obbedire *s.* **ubbidire**
obbligare 10 ▼ zwingen; verpflichten
occorrere (*ausil.:* **essere**) 28 [10] erforderlich sein, benötigt werden; müssen
occupare 12 ▲ besetzen, einnehmen; beziehen; innehaben; beanspruchen
odo *s.* **udire**
odiare 14 ▼ hassen
offendere 30 [35] beschädigen; verletzen; beleidigen, kränken
offersi, -ferto *s.* **offrire**
offesi, -so *s.* **offendere**
offrire 36 ▼ anbieten; bieten; offerieren; schenken
oltraggiare 11 ▼ beleidigen, beschimpfen
omettere 30 [26] aus-, weglassen; unterlassen
ondeggiare 11 ▼ schwanken, schaukeln; wogen
ondulare 12 ▲ wellen, in Wellen legen
operare 12 ▲ bewirken, tun; vollbringen; wirken; operieren
oppongo *s.* **opporre**
opporre 22 ▲ entgegenhalten, einwenden; entgegensetzen, -stellen
opposi, -posto *s.* **opporre**
oppressi, -so *s.* **opprimere**
opprimere 29 [13] unterdrücken, niederdrücken; bedrücken
ordinare 12 ▲ ordnen, aufräumen; befehlen, anordnen; ordern, bestellen
origliare 14 ▼ lauschen, horchen
ospitare 12 ▲ Gastfreundschaft gewähren; aufnehmen, beherbergen
ossidare 12 ▲ oxidieren
ossigenare 13 ▲ Sauerstoff zuführen
ostruire 34 ▲ verschließen, verstopfen; versperren
ottenere 25 ▼ erlangen, erreichen, erzielen

P

pacificare 10 ▲ versöhnen, beruhigen, besänftigen
pagare 10 ▼ (be)zahlen; auszahlen; einzahlen
paio *s.* **parere**
palpitare 12 ▲ zucken; schlagen, klopfen; pulsieren
paragrafare 13 ▲ in Abschnitte einteilen, paragrafieren
parcheggiare 11 ▼ parken
pareggiare 11 ▼ einebnen; ausgleichen; begleichen
parere 21 ▲ scheinen, erscheinen, aussehen; meinen, glauben
parso *s.* **parere**
partecipare 13 ▲ teilnehmen; sich beteiligen; Anteil nehmen
parteggiare 11 ▼ Partei nehmen/ergreifen
partire 33 weggehen; abreisen; losgehen
parvi *s.* **parere**

pascolare 12 ▲ hüten, weiden
passeggiare 11 ▼ spazieren(gehen)
patire 34 ▲ erleiden, ertragen; leiden
patteggiare 11 ▼ aushandeln, verhandeln
pattinare 12 ▲ Rollschuh/Schlittschuh laufen, Eis laufen
peccare 10 ▲ sündigen; Fehler begehen
penetrare 12 ▲ eindringen; einbrechen
pentirsi 33 bereuen
percepire 34 ▲ bekommen, beziehen; wahrnehmen
percorrere (*ausil.:* **avere**) 28 [10] durchqueren, durchstreifen
percossi, -so *s.* **percuotere**
percuotere 20 ▼ schlagen, prügeln
perdere 30 [30] verlieren; verpassen; vergeuden
perire (*ausil.:* **essere**) 34 ▲
permeare 12 ▲ durchdringen
permettere 30 [26] erlauben, zulassen, gestatten
perquisire 34 ▲ durchsuchen
perseguire (*ausil.:* **avere**) 33 verfolgen, anstreben
perseguitare 13 ▲ verfolgen; belästigen; plagen, quälen
perseverare 13 ▲ beharren; ausharren
persi *s.* **perdere**
persistere 32 [62] beharren, bestehen
perso *s.* **perdere**
persuadere 30 [31] überzeugen, überreden
persuasi, -so *s.* **persuadere**
pervenire 39 ▼ gelangen; ankommen; eingehen
pervertire (*ausil.:* **avere**) 33 verderben
pescare 10 ▲ fischen, angeln; aufgabeln
pettinare 12 ▲ kämmen, frisieren
piaccio *s.* **piacere**
piacere 21 ▼ gefallen, zusagen, passen
piacqui *s.* **piacere**
piangere 30 [32] weinen
piansi, pianto *s.* **piangere**
picchiare 14 ▼ schlagen; verprügeln; klopfen
piegare 10 ▼ biegen, krümmen, beugen
pigiare 11 ▼ stoßen, drücken
pigliare 14 ▼ sich schnappen
piovere (*nur 3. Pers.*) (*ausil.:* **avere/essere**) 16 regnen (*pass. rem.:* **piovve, piovvero**)
pizzicare 10 ▲ kneifen, zwicken; stechen; bohren
poggiare 11 ▼ (an)lehnen; stehen, ruhen
poltrire 34 ▲ sich im Bett räkeln; faulenzen
ponderare 12 ▲ er-, abwägen, in Erwägung ziehen
pone *s.* **porre**
pongo *s.* **porre**
poni *s.* **porre**
popolare 12 ▲ bevölkern, besiedeln; bewohnen
porgere 30 [33] geben, reichen; darlegen, vortragen
porre 22 ▲ stellen, legen, setzen; richten
porsi *s.* **porgere**
porto *s.* **porgere**
posi *s.* **porre**
posporre 22 ▲ nach-, zurückstellen
possa *s.* **potere**
possedere 24 ▲ besitzen, haben; verfügen über
posso *s.* **potere**
posteggiare 11 ▼ parken
posto *s.* **porre**
potere 7 ▼ können; vermögen, imstande sein; dürfen
praticare 10 ▲ praktizieren, in die Praxis umsetzen; machen, durchführen
precipitare (*tr. ausil.:* **avere**) 13 ▲ hinab-, hinunterstürzen; überstürzen

precipitare (*itr. ausil.:* **essere**) 13 ▲ (herab)stürzen, -fallen, abstürzen
precludere 28 [6] (ver)sperren; verbauen
preclusi, -so *s.* **precludere**
precorrere 28 [10] vorwegnehmen, zuvorkommen
predetto *s.* **predire**
predicare 10 ▲ predigen; lehren
predico *s.* **predire**
predilessi, -letto *s.* **prediligere**
prediligere 29 [15] vorziehen, bevorzugen
predire 19 ▲ vorher-, voraussagen
predominare 13 ▲ vorherrschen, überwiegen; herrschen
preferire 34 ▲ vorziehen, lieber mögen
prefiggere 30 [34] festsetzen
prefiggersi 30 [34] sich vornehmen
prefissi, -so *s.* **prefiggere**
pregare 10 ▼ beten zu; bitten; ersuchen
pregiarsi 11 ▼ sich beehren
pregiudicare 10 ▲ beeinträchtigen; schaden
preludere 28 [6] hindeuten; hinführen
prelusi, -so *s.* **preludere**
premettere 30 [26] vorausschicken
prendere 30 [35] nehmen; (er)greifen, fassen
preoccupare 13 ▲ beunruhigen
preporre 22 ▲ vor(an)setzen; an die Spitze stellen; vorziehen
prescrivere 31 [46] verjähren lassen; verschreiben, verordnen
presi, preso *s.* **prendere**
presumere 28 [4] annehmen, vermuten; sich anmaßen
presunsi, -sunto *s.* **presumere**
presupporre 22 ▲ vermuten, annehmen; voraussetzen
pretendere 30 [35] verlangen, beanspruchen, fordern; behaupten
prevalere (*ausil.:* **avere/essere**) 26 ▼ überwiegen, vorherrschen
prevedere 27 ▲ voraussehen
prevenire (*ausil.:* **avere**) 39 ▼ zuvorkommen; vorwegnehmen; vorbeugen
principiare (*ausil.:* **avere/essere**) 14 ▼ beginnen, anfangen
privilegiare 11 ▼ privilegieren; bevorzugen
prodotto, -duco *s.* **produrre**
produrre 18 ▲ erzeugen, produzieren; herstellen; verursachen, hervorrufen
produssi *s.* **produrre**
profondersi 29 [23] sich ergehen, um sich werfen
progredire (*ausil.:* **avere/essere**) 34 ▲ fortschreiten; Fortschritte machen
proibire 34 ▲ verbieten, untersagen
prolungare 10 ▼ verlängern
promettere 30 [26] versprechen; aussehen nach
promulgare 10 ▼ erlassen; verbreiten, verkünden
promuovere 20 ▼ anregen, fördern; initiieren; befördern
pronosticare 10 ▲ voraussagen, ankündigen
pronunciare 11 ▲ aussprechen
pronunziare 14 ▼ aussprechen
propagare 10 ▼ verbreiten, propagieren
proporre 22 ▲ vorschlagen, vorbringen
prorogare 10 ▼ aufschieben, verlängern; stunden
prorompere 31 [43] hervorbrechen; ausbrechen
prosciogliere 23 ▼ befreien, lossprechen, freisprechen
prosciugare 10 ▼ austrocknen; trockenlegen
proscrivere 31 [46] verbannen, ächten; verbieten, abschaffen
proseguire (*ausil.:* **avere**) 33 fortsetzen, weiterführen; weitermachen
prosperare 12 ▲ gedeihen
proteggere 29 [25] (be)schützen

protendere 30 [35] hin-, vor-, ausstrecken
protesi, -so *s.* **protendere**
protessi, -tetto *s.* **proteggere**
protrarre 26 ▲ hinausziehen, in die Länge ziehen
provenire 39 ▼ (her)kommen; (her-, ab)stammen
provocare 10 ▲ hervorrufen, verursachen; reizen, provozieren
provvedere 27 ▲ sich kümmern, sorgen; versorgen (*Futur u. Kond. sind regelmäßig*)
pubblicare 10 ▲ veröffentlichen, publizieren, herausgeben
pulire 34 ▲ sauber machen, putzen, reinigen
pungere (*ausil.:* **avere**) 29 [24] stechen; brennen; kratzen; beißen
punire 34 ▲ (be)strafen
punsi *s.* **pungere**
punteggiare 11 ▼ lochen, punktieren; durchsetzen, unterbrechen
punto *s.* **pungere**
può *s.* **potere**
puoi *s.* **potere**
purgare 10 ▼ reinigen; entschärfen; ein Abführmittel geben
purificare 10 ▲ klären, reinigen; läutern
putrefare 20 ▲ faulen, verwesen

Q

qualificare 10 ▲ bezeichnen, kennzeichnen; beurteilen; befähigen

R

rabbrividire (*ausil.:* **essere**) 34 ▲ erschaudern
racchiudere 28 [6] enthalten
raccogliere 23 ▼ aufheben; ernten; einheimsen; sammeln
raccomodare 13 ▲ instand setzen, reparieren
raccorciare 11 ▲ (ver)kürzen
radere 30 [36] rasieren; abholzen, abhauen; auslöschen, tilgen
radicare 10 ▲ sich einwurzeln, Wurzeln schlagen
raggiare 11 ▼ leuchten, strahlen; ausstrahlen
raggiungere (*ausil.:* **avere**) 29 [24] erreichen; einholen; treffen
rapire 34 ▲ entführen; rauben; hinreißen
raschiare 14 ▼ (ab)schaben, abkratzen
rasi, raso *s.* **radere**
rassomigliare (*ausil.:* **avere/ essere**) 14 ▼ gleichen, ähneln, ähnlich sein
ravvolgere 32 [54] wickeln, einwickeln, umhüllen
reagire 34 ▲ reagieren
recare 10 ▲ bringen; tragen; bewirken, verursachen
recarsi 10 ▲ sich begeben; sich wenden
recidere 28 [12] (ab)schneiden
recingere 29 [22] umgeben, umschließen
recisi, -so *s.* **recidere**
recitare 12 ▲ rezitieren, vortragen; deklamieren
redassi *s.* **redigere**
redatto *s.* **redigere**
redensi *s.* **redimere**
redento *s.* **redimere**
redigere 30 [37] verfassen, abfassen; bearbeiten, redigieren
redimere 30 [38] erlösen, befreien
refrigerare 13 ▲ kühlen
reggere 29 [25] halten, stützen, tragen; fest-, standhalten; regieren
regolare 12 ▲ regeln, ordnen
rendere 31 [39] zurückgeben, -erstatten; erweisen; machen
repellere 29 [20] abstoßen
replicare 10 ▲ wiederholen; wiederaufführen; erwidern
repressi, -so *s.* **reprimere**
reprimere 29 [13] unterdrücken
repulsi, -so *s.* **repellere**
reputare 12 ▲ erachten/halten für

requisire 34 ▲ requirieren, beschlagnahmen
rescindere 30 [34] aufheben, annullieren, für ungültig erklären
rescissi, -so *s.* **rescindere**
resi *s.* **rendere**
resistere 32 [63] Widerstand leisten; ertragen, aushalten; standhalten
reso *s.* **rendere**
respingere 31 [49] zurückdrängen, abwehren; zurückweisen
ressi *s.* **reggere**
restituire 34 ▲ zurückgeben, -erstatten; erwidern
restringere 31 [50] enger machen; einschränken, begrenzen
rettificare 10 ▲ begradigen; richtig stellen; schleifen
retto *s.* **reggere**
revocare 10 ▲ widerrufen
riaprire 35 ▲ wieder (er)öffnen; wieder beginnen
riassumere 28 [4] wiedereinstellen; zusammenfassen, nacherzählen
riavere 5 wiederbekommen; wiedererlangen (*Präs.:* **riò, riai, rià, rianno**)
ricercare 10 ▲ erforschen; forschen nach
richiedere 28 [5] wiederverlangen; beantragen; verlangen; erfordern
ricominciare (*ausil.:* **avere/essere**) 11 ▲ wieder anfangen
riconoscere 28 [9] wieder erkennen; unterscheiden; einsehen, zugeben
ricoprire 35 ▲ wieder zudecken; abdecken; überhäufen; bekleiden
ricoverare 13 ▲ einliefern
ricuperare 13 ▲ wiedererlangen, -erhalten; zurückgewinnen
ridare 13 ▼ wiedergeben, zurückgeben (*1. Pers. Präs.* **ridò**)
ridere 31 [40] lachen
ridotto, -duco *s.* **ridurre**
ridurre 18 ▲ verringern; herabsetzen; reduzieren; kürzen
riscossi, -so *s.* **riscuotere**
ridussi *s.* **ridurre**
riesco *s.* **riuscire**
rievocare 10 ▲ wieder wachrufen
riferire (*ausil.:* **avere**) 34 ▲ berichten, mitteilen; zuschreiben; beziehen
riflessi, -so *s.* **riflettere**
risi, riso *s.* **ridere**
riflettere 31 [41] reflektieren; widerspiegeln
riflettere 31 [41] überlegen, nachdenken
rifugiarsi 11 ▼ (sich) flüchten
rifulgere 29 [20] funkeln, glänzen, leuchten
rigare (*ausil.:* **essere**) 10 ▼ liniieren
rigenerare 13 ▲ wieder hervorbringen; regenerieren; wiederherstellen
rilasciare 11 ▲ ausstellen; entspannen; freilassen
rilegare 10 ▼ binden
rileggere 29 [25] wieder lesen; durchlesen
rimaneggiare 11 ▼ umarbeiten, umstellen
rimanere 22 ▼ bleiben; übrig bleiben; verbleiben
rimango *s.* **rimanere**
rimarcare 10 ▲ bemerken, hervorheben
rimarrò *s.* **rimanere**
rimasi *s.* **rimanere**
rimasto *s.* **rimanere**
rimediare 14 ▼ wieder gutmachen, beheben
rimettere 30 [26] wieder setzen; wieder (aus)stellen; anvertrauen
rimorchiare 14 ▼ abschleppen; mitschleifen
rimpiangere 30 [32] nachtrauern
rimproverare 13 ▲ tadeln
rimuovere 20 ▼ wegschaffen, forträumen: abbringen; entfernen
rinchiudere 28 [6] einschließen; einsperren

rincorrere 28 [10] verfolgen, nachlaufen
rincrescere (*ausil.:* **essere**) 28 [11] bedauern, Leid tun
rinfrescare (*tr. ausil.:* **avere**) 10 ▲ abkühlen (lassen)
rinfrescare (*itr. ausil.:* **essere**) ▲ kühler werden, sich abkühlen
ringraziare 14 ▼ danken, sich bedanken
rinnegare 10 ▼ verleugnen; abweichen von; verstoßen
rotto *s.* **rompere**
rinunciare 11 ▲ verzichten auf
rinunziare 14 ▼ verzichten auf
rinvenire (*tr. ausil.:* **avere**) 39 ▼ wieder finden, entdecken
rinvenire (*itr. ausil.:* **essere**) 39 ▼ wieder zu sich kommen; sich erholen
rinvigorire (*tr. ausil.:* **avere**) 34 ▲ wieder stark machen; kräftigen, stärken
rinvigorire (*itr. ausil.:* **essere**) 34 ▲ wieder erstarken
ripartire 33 wieder abreisen
ripartire 34 ▲ teilen, aufteilen, einteilen
ripiegare 10 ▼ zusammenfalten, -legen
riporre 22 ▲ zurücklegen, zurück tun, wegtun
riprendere 30 [35] wieder nehmen; zurücknehmen; wieder beginnen
riprodurre 18 ▲ reproduzieren; vervielfältigen, abdrucken
risalire 37 ▼ wieder hinaufgehen
risarcire 34 ▲ entschädigen
rischiare 14 ▼ riskieren, aufs Spiel setzen
riscossi *s.* **riscuotere**
riscrivere 31 [46] wieder schreiben, erneut schreiben
riscuotere 20 ▼ kassieren, einnehmen; erzielen; ernten
risentire (*ausil.:* **avere**) 33 wieder (an)hören; empfinden; verspüren
risi, riso *s.* **ridere**
risolsi, -solto *s.* **risolvere**
risolvere 28 [3] lösen; zerstreuen; auflösen; zustande bringen
risorgere (*ausil.:* **avere**) 31 [45] auferstehen; wieder auftauchen/ aufgehen
risparmiare 14 ▼ haushalten mit; einsparen; schonen; sparen
rispondere 31 [42] antworten; widersprechen; bürgen; Rechenschaft ablegen
risposi *s.* **rispondere**
risposto *s.* **rispondere**
ristabilire 34 ▲ wiederherstellen
ristretto *s.* **restringere** *u.* **ristringere**
ristringere 31 [50] enger machen; einschränken, begrenzen
risvegliare 14 ▼ wieder (aus)wecken; wieder wachrufen; wieder erwachen
ritenere 25 ▼ halten für; einbehalten; behalten
ritoccare 10 ▲ überarbeiten; nachziehen; auffrischen
ritrarre 26 ▲ zurückziehen; abbilden, darstellen; widerrufen
riunire 34 ▲ wieder vereinen; versammeln; versöhnen
riuscire 37 ▲ es schaffen, es fertigbringen; erfolgreich sein
rivedere 27 ▲ wiedersehen; durchsehen; durchlesen
rivestire (*ausil.:* **avere**) 33 verkleiden, beziehen; einkleiden; einnehmen
rivolgere 32 [54] wenden; richten; abwenden
rivoltolare 13 ▲ sich auflehnen
rodere 28 [6] nagen; zerfressen
rompere 31 [43] brechen; zerbrechen; sprengen
rosi, roso *s.* **rodere**
rosolare 12 ▲ anbraten
rotolare (*tr. ausil.:* **avere/essere**) 12 ▲ rollen
rotto *s.* **rompere**
rovesciare 11 ▲ verschütten, vergießen; umwerfen,- stoßen

ruggire 34 ▲ brüllen
rumoreggiare 11 ▼ lärmen, dröhnen; brausen; murren
ruppi *s.* **rompere**

S

sa *s.* **sapere**
saccheggiare 11 ▼ plündern; ausrauben; sich aneignen
sacrificare 10 ▲ opfern
saggiare 11 ▼ prüfen; auf die Probe stellen
sai *s.* **sapere**
salgo *s.* **salire**
salire 37 ▼ er-, besteigen; (hoch)steigen; steigen; einsteigen
sanno *s.* **sapere**
santificare 10 ▲ heiligen, ehren; heilig sprechen
sapere 23 ▲ wissen, kennen; können, beherrschen; erfahren
sappi, sappia *s.* **sapere**
sappiamo *s.* **sapere**
sarò *s.* **essere**
sbagliare 14 ▼ verfehlen; verwechseln
sbalordire 34 ▲ verblüffen, aus der Fassung bringen
sbarcare (*tr. ausil.:* **avere**) 10 ▲ an Land bringen; löschen; absetzen
sbarcare (*itr. ausil.:* **essere**) 10 ▲ an Land gehen
sboccare 10 ▲ münden; kommen, gelangen
sbocciare (*ausil.:* **essere**) 11 ▲ aufblühen
sbrigare 10 ▼ erledigen, besorgen; abfertigen
sbrigarsi 10 ▼ sich beeilen
sbucare (*ausil.:* **essere**) 10 ▲ heraus-, hervorkommen
sbucciare 11 ▲ schälen; aufschürfen
scacciare 11 ▲ vertreiben, verjagen
scadere 17 ▼ verfallen, ablaufen; sinken
scalpitare 12 ▲ stampfen, scharren; ungeduldig sein
scambiare 14 ▼ verwechseln, vertauschen; austauschen
scaricare 10 ▲ entladen
scaturire (*ausil.:* **essere**) 34 ▲ heraussprudeln; hervorkommen; entspringen
scegliere 23 ▼ aussuchen, auswählen
scelgo, scelsi, scelto *s.* **scegliere**
scendere (*itr. ausil.:* **essere**) 31 [44] hinuntergehen, hinabsteigen; aussteigen
scendere (*tr. ausil.:* **avere**) 31 [44] hinabsteigen, herunterkommen
scesi, sceso *s.* **scendere**
schermire 34 ▲ schützen; fechten
schiacciare 11 ▲ zerdrücken, zerquetschen; knacken
schiarire (*tr. ausil.:* **avere**) 34 ▲ aufhellen, hell(er) machen
schiarire (*itr. ausil.:* **essere**) 34 ▲ hell(er) werden
schiudere 28 [6] öffnen, aufmachen
sciare 14 ▲ Ski laufen/fahren
scindere 30 [34] (auf)spalten
sciogliere 23 ▼ losmachen, lösen; befreien; schmelzen; einlösen
sciolgo, sciolsi, sciolto *s.* **sciogliere**
scioperare 12 ▲ streiken
scissi, -so *s.* **scindere**
scivolare (*ausil.:* **avere/essere**) 12 ▲ (aus)rutschen; gleiten, rutschen
scommettere 30 [26] wetten
scomodare 12 ▲ stören, belästigen; bemühen
scomparire (*ausil.:* **avere/essere**) 34 ▼ verschwinden; gering erscheinen
scompigliare 14 ▼ in Unordnung bringen
scomporre 22 ▲ durcheinander bringen; zerzausen, zerraufen
sconvolgere 32 [54] erschüttern, durcheinander bringen

scoppiare (*ausil.:* **essere**) 14 ▼ ausbrechen; hochgehen, explodieren; platzen
scoprire 35 ▲ auf-, abdecken; enthüllen; entdecken
scoraggiare 11 ▼ entmutigen
scorciare 11 ▲ abkürzen
scorgere 31 [45] erblicken
scorrere (*ausil.:* **essere**) 28 [10] fließen; laufen; vergehen, verrinnen
scorsi *s.* **scorgere, scorrere**
scorso *s.* **scorrere**
scorticare 10 ▲ ab-, aufschürfen; abziehen
scorto *s.* **scorgere**
scossi, -so *s.* **scuotere**
screditare 12 ▲ diskreditieren, in Misskredit geraten, sich blamieren
screpolare 12 ▲ rissig machen
scrissi *s.* **scrivere**
scritto *s.* **scrivere**
scrivere 31 [46] (auf-, nieder) schreiben
scrosciare (*ausil.:* **avere/essere**) 11 ▲ tosen, brausen
scucire (*ausil.:* **avere**) 33 auftrennen
(*1. Pers. Präs.* **scucio**)
scuotere 20 ▼ schütteln; erschüttern
sdraiare 14 ▼ (hin)legen; niederstrecken
sdrucciolare (*ausil.:* **essere**) 12 ▲ ausrutschen, ausgleiten
seccare (*ausil.:* **essere**) 10 ▲ trocknen, trockenlegen
sedere 24 ▲ sitzen
sedotto, -duco *s.* **sedurre**
sedurre 18 ▲ verführen; verlocken
sedussi *s.* **sedurre**
seggo *s.* **sedere**
segregare 10 ▼ absondern
seguire (*ausil.:* **avere**) 33 folgen, verfolgen; kommen nach
seguitare 12 ▲ fortsetzen, weitermachen
sei *s.* **essere**
selciare 11 ▲ pflastern
seminare 12 ▲ (aus)säen; abschütteln
semplificare 10 ▲ vereinfachen; kürzen
sentire (*ausil.:* **avere**) 33 hören, zuhören; riechen; schmecken; spüren, fühlen
sepolto *s.* **seppellire**
seppe *s.* **sapere**
seppellire 34 ▲ begraben, beisetzen
(*Part.* **sepolto**)
seppi *s.* **sapere**
servire (*ausil.:* **avere/essere**) 33 **dienen; bedienen; servieren; bedienen**
sfasciare 11 ▲ zertrümmern, zerstören
sfasciare 11 ▲ den Verband abnehmen von
sfiorire (*ausil.:* **essere**) 34 ▲ (ver)welken, verblühen
sfogare (*ausil.:* **essere**) 10 ▼ abreagieren, herauslassen; ausströmen
sfogliare 14 ▼ durchblättern; entblättern
sfuggire (*ausil.:* **avere**) 34 ▲ entkommen, entgehen, entwischen
sganciare 11 ▲ abhängen, -kuppeln; abwerfen; herausrücken
sgangherare 12 ▲ aus den Angeln heben
sgomb(e)rare 12 ▲ räumen, abräumen
sgualcire 34 ▲
sgusciare (*ausil.:* **essere**) 11 ▲ entgleisen
sia *s.* **essere**
siamo *s.* **essere**
siano *s.* **essere**
siate *s.* **essere**
sibilare 12 ▲ zischen
siedo *s.* **sedere**
siete *s.* **essere**
significare 10 ▲ bedeuten
sii *s.* **essere**
slogare 10 ▼ aus-, verrenken

smacchiare 14 ▼ die Flecken entfernen
smarrire 34 ▲ verlegen
smettere 30 [26] ablegen; aufgeben; abbrechen
so *s.* **sapere**
socchiudere 28 [6] anlehnen
soccorrere 28 [10] helfen, zu Hilfe eilen
soddisfare 20 ▲ zufrieden stellen, befriedigen (*1. Pers. Präs. a.* **soddisfò, soddisfo**)
soffersi, -io *s.* **soffrire**
soffiare 14 ▼ blasen; wehen; schnaufen
soffocare 10 ▲ ersticken
soffriggere 29 [25] anbraten, anrösten
soffrire 38 ▲ leiden, erleiden; leiden an; ertragen
soggiungere (*ausil.:* **avere**) 29 [24] hinzufügen
sogli *s.* **solere**
solcare 10 ▲ durchpflügen, durchziehen
soleggiare 11 ▼ bescheinen
solere 24 ▼ pflegen
solito *s.* **solere**
sollecitare 13 ▲ drängen; ersuchen; bitten um; sich **bewerben um**
solleticare 10 ▲ kitzeln; reizen
somigliare 14 ▼ gleichen; ähneln, ähnlich sein
sommergere 31 [47] überschwemmen, überfluten
sommersi, -so *s.* **sommergere**
sonare *s.* **suonare**
sonnecchiare 14 ▼ schlummern
sono *s.* **essere**
soppressi, -so *s.* **sopprimere**
sopprimere 29 [13] abschaffen; aufheben
soprastare 15 (*1. Pers. Präs.* **soprastò**) überragen, höher liegen, hervorstehen
sopravvenire 39 ▼ auftauchen; plötzlich erscheinen
sopravvivere (*ausil.:* **essere**) 27 ▼ überleben
sorbire 34 ▲ schlürfen; ertragen
sorgere (*ausil.:* **essere**) 31 [45] aufgehen; sich erheben, emporragen
sorprendere 30 [35] überraschen, ertappen, erwischen
sorreggere 29 [25] stützen; aufrecht erhalten
sorridere 31 [40] lächeln; zulächeln
sorsi *s.* **sorgere**
sorteggiare 11 ▼ auslosen; verlosen
sortire 34 ▲ erhalten
sortire 33 ausgehen
sorto *s.* **sorgere**
sorvegliare 14 ▼ überwachen; beaufsichtigen
sospendere 34 [35] in der Schwebe sein
sospesi, -so *s.* **sospendere**
sospingere 31 [49] treiben; antreiben
sostenere 25 ▼ stützen, halten, tragen; ertragen
sostituire 34 ▲ austauschen, auswechseln; ersetzen
sottomettere 30 [26] unterwerfen
sottoporre 22 ▲ unterbreiten, vorlegen; unterziehen
sottoscrivere 31 [46] unterschreiben, unterzeichnen
sottrarre 26 ▲ subtrahieren, abziehen; unterschlagen
sovrastare (*ausil.:* **avere/essere**) 9 beherrschen,; bedrohen
sovvenire (*ausil.:* **avere/essere**) 39 ▼
sovvertire (*ausil.:* **avere**) 33 umstürzen, zerrütten
spaccare 10 ▲ spalten, entzwei schlagen; sprengen
spacciare 11 ▲ in Umlauf bringen, verbreiten
spandere 30 [32] verschütten, vergießen; ausbreiten, ausstreuen
sparecchiare 14 ▼ abdecken, abräumen

spargere 31 [47] (aus-, ver-) streuen; ausstrahlen; verschütten; verbreiten
sparire (*ausil.:* **essere**) 34 ▲ verschwinden
sparsi, -so *s.* **spargere**
spartire 34 ▲ (auf-, ver)teilen
spazzolare 12 ▲ (ab-, aus)bürsten
specchiarsi 14 ▼ sich im Spiegel betrachten; sich spiegeln
speculare 12 ▲ spekulieren
spedire 34 ▲ schicken, senden, verschicken
spegnere 25 ▲ löschen, ausmachen; ausschalten; ausblasen; schwächen
spendere 31 [48] ausgeben; aufwenden; verwenden
spengo *s.* **spegnere**
spensi, spento *s.* **spegnere**
spesi, speso *s.* **spendere**
spiacere 21 ▼ nicht gefallen; missfallen
spiare 14 ▲ ausspionieren, ausspähen
spiccare 10 ▲ erlassen; ausstellen
spicciare (*ausil.:* **essere**) 11 ▲ schnell erledigen; abfertigen
spiegare 10 ▼ erklären, erläutern; ausbreiten
spigolare 12 ▲ stoppeln, einsammeln
spingere 31 [49] schieben; stoßen; drücken; antreiben
spinsi, spinto *s.* **spingere**
spogliare 14 ▼ ausziehen, entkleiden; berauben
spolverare 12 ▲ abstauben; bestäuben
sporcare 10 ▲ beschmutzen; besudeln; in den Schmutz ziehen
sporgere (*ausil.:* **essere**) 30 [33] vorstrecken, hinausstrecken
sporsi, sporto *s.* **sporgere**
sprecare 10 ▲ verschwenden, vergeuden
spregiare14 ▼ verachten
spumeggiare14 ▼ schäumen; moussieren
squalificare 10 ▲ disqualifizieren
sta *s.* **stare**
stabilire 34 ▲ festsetzen, -legen; beschließen, entscheiden
staccare 10 ▲ (ab-, los)lösen; ausspannen, abhängen; skandieren
stacciare 11 ▲ (durch)sieben
stai *s.* **stare**
stampigliare 14 ▼ (ab)stempeln
stancare 10 ▲ ermüden, müde machen; schwächen; stören
stanno *s.* **stare**
stare 15 sein; sich befinden; stehen; bleiben; gehen
starnutire 34 ▲ niesen
state *s.* **stare**
stato *s.* **essere** *u.* **stare**
steccare 10 ▲ schienen
stemmo *s.* **stare**
stendere 30 [35] ausstrecken; aufhängen; (ver)streichen
stenografare 13 ▲ stenografieren
stesi, steso *s.* **stendere**
stesse, stessi *s.* **stare**
steste, stesti *s.* **stare**
stette, stetti *s.* **stare**
stia *s.* **stare**
stiamo *s.* **stare**
stiano, stiate *s.* **stare**
stimolare 12 ▲ stimulieren, anregen, anreizen
stiracchiare 14 ▼ sparen an; verzerren, verdrehen, entstellen
sto *s.* **stare**
storcere 31 [45] verbiegen, krümmen; verziehen
stordire 34 ▲ betäuben
storsi, storto *s.* **storcere**
stracciare 11 ▲ zerreißen, zerfetzen; schlagen
strangolare 12 ▲ erdrosseln, erwürgen, strangulieren
strascicare 10 ▲ nachziehen; verschleppen
stravolgere 32 [54] verwirren, durcheinander bringen; verzerren, entstellen
straziare 14 ▼ quälen, peinigen, missbrauchen

strepitare 12 ▲ schreien, brüllen; Krach machen
stretto *s.* **stringere**
strigliare 14 ▼ striegeln
stringere 31 [50] drücken; zusammenbeißen; ballen; enger machen; straffen
strinsi *s.* **stringere**
strisciare 11 ▲ kriechen, sich schlängeln; schleifen
stroncare 10 ▲ abreißen, abbrechen
stropicciare 11 ▲ reiben; zerknautschen, zerknittern
struggere 29 [18] schmelzen; verzehren, auszehren
strussi, strutto *s.* **struggere**
stuccare 10 ▲ kitten, spachteln
studiare 14 ▼ lernen; studieren; untersuchen; beobachten
stupire (*ausil.:* **avere**) 34 ▲ (ver)wundern, erstaunen
stupirsi 34 ▲ sich wundern, staunen
stuzzicare 10 ▲ reizen, ärgern; anregen
subire 34 ▲ erleiden; sich unterziehen; tragen
succedere (*ausil.:* **essere**) 28 [7] folgen, nachfolgen; geschehen, passieren
successi, -so *s.* **succedere**
succhiare 14 ▼ saugen, lutschen
suggerire 34 ▲ eingeben, einflüstern, suggerieren; raten, empfehlen
suole, suoli *s.* **solere**
suonare (*ausil.:* **avere/essere**) 13 ▲ spielen; schlagen; verhauen
superare 12 ▲ übertreffen, übersteigen; bestehen; überstehen; überwinden
supplicare 10 ▲ erflehen
supplire 34 ▲ ausgleichen, wettmachen
supporre 22 ▲ vermuten, annehmen
suscitare 12 ▲ reizen; hervorrufen
sussistere (*ausil.:* **avere/essere**) 32 [55] bestehen, vorliegen
svegliare 14 ▼ wecken, aufmuntern; erwecken
svellere 31 [51] ausreißen, entwurzeln
svelsi, svelto *s.* **svellere**
svenire 39 ▼ in Ohnmacht fallen
sventolare 12 ▲ schwingen, schwenken
sviare 14 ▲ verführen, ablenken, auf Abwege bringen
svolgere 32 [54] abwickeln; auswickeln, auspacken; verrichten
svotare *s.* **svuotare**
svuotare 13 ▲

T

taccio *s.* **tacere**
tacere (*ausil.:* **avere**) 21 ▼ verschweigen, nicht sagen; schweigen
tacqui *s.* **tacere**
tagliare 14 ▼ (ab)schneiden; hacken; zuschneiden; amputieren; kürzen
targare 10 ▼ mit einem Nummernschild versehen
tartagliare 14 ▼ stammeln; stottern
telefonare 13 ▲ telefonieren, anrufen; telefonisch durchgeben
telegrafare 13 ▲ telegrafieren
tendere 30 [35] spannen; aufspannen; anspannen; hinstrecken
tenere 25 ▼ halten; behalten; einhalten; enthalten
tengo *s.* **tenere**
tenni *s.* **tenere**
tergere 31 [47] (ab)wischen, (ab)trocknen
terminare (*tr. ausil.:* **avere**) 12 ▲ beenden, abschließen; fertig stellen
terminare (*itr. ausil.:* **essere**) 12 ▲ zu Ende gehen, aufhören, enden
terrò *s.* **tenere**
tersi, terso *s.* **tergere**
tesi, teso *s.* **tendere**
testimoniare 14 ▼ bezeugen

tiene, tieni *s.* **tenere**
tingere 29 [22] färben
tinsi, tinto *s.* **tingere**
tiranneggiare 11 ▼ tyrannisieren
titolare 12 ▲ e-n Titel verleihen, betiteln
toccare 10 ▲ berühren, anfassen; anrühren; drücken; erreichen; streifen
togliere 23 ▼ abnehmen, wegnehmen, entfernen; ziehen; ausziehen
tolgo *s.* **togliere**
tollerare 12 ▲ vertragen; ertragen, dulden; tolerieren
tolsi, tolto *s.* **togliere**
tonare (*ausil.:* **avere/essere**) 13 ▲ donnern; wettern
torcere 31 [45] (ver)drehen; (um)drehen, krümmen; biegen
torchiare 14 ▼ pressen
tornire 34 ▲ drechseln, drehen; (aus)feilen
torrefare 20 ▲ rösten, brennen
torsi, torto *s.* **torcere**
tossire (*ausil.:* **avere**) 34 ▲ husten
traboccare (*ausil.:* **avere/essere**) 10 ▲ überlaufen
tracciare 11 ▲ zeichnen, entwerfen; umreißen
tradire 34 ▲ verraten; betrügen; verfehlen; enttäuschen
tradotto, -duco *s.* **tradurre**
tradurre 18 ▲ übersetzen, übertragen; überführen; umsetzen; ausdrücken
tradussi *s.* **tradurre**
trae, trai *s.* **trarre**
trafficare 10 ▲ handeln; schieben
trafiggere 29 [25] durchbohren
trafissi, -fitto *s.* **trafiggere**
traggo *s.* **trarre**
transatto *s.* **transigere**
transigere 32 [64] beilegen; nachgeben; nachgeben
trapanare 12 ▲ (durch)bohren
trarre 26 ▲ (heraus)ziehen; führen; ausstoßen; ableiten
trasalire (*ausil.:* **avere/essere**) 34 ▲ zusammenfahren
trascorrere 28 [10] verbringen, vergehen
trascrivere 31 [46] umschreiben; abschreiben; eintragen; transkribieren
trasferire 34 ▲ versetzen; verlegen; übertragen; transferieren
trasgredire 34 ▲ übertreten; zuwiderhandeln
traslocare 10 ▲ versetzen; umziehen
trasmettere 30 [26] übertragen; übermitteln; weitergeben
trasparire 34 ▼ durchscheinen; durchblicken lassen
trasporre 22 ▲ umstellen, umsetzen
trassi *s.* **trarre**
trattenere 25 ▼ zurückhalten, aufhalten
tratto *s.* **trarre**
travagliare 14 ▼ quälen, plagen; leiden
travedere 27 ▲ *s.* versehen, sich irren, sich täuschen
travestire (*ausil.:* **avere**) 33 verkleiden; verwandeln
travolgere 32 [54] fortreißen; überfahren; mitreißen
trebbiare 14 ▼ dreschen
tremolare 12 ▲ zittern, beben
trinciare 11 ▲ zerkleinern, zerschneiden, zerlegen; tranchieren
triplicare 10 ▲ verdreifachen
troncare 10 ▲ abschneiden, abschlagen; abbrechen
troneggiare 11 ▼ thronen
truccare 10 ▲ verkleiden; schminken; (ver)fälschen; manipulieren
tumefare 20 ▲ schwellen
tuonare *s.* **tonare**
turbinare 12 ▲ wirbeln

U

ubbidire 34 ▲ gehorchen, folgsam sein; folgen
uccidere 27 [52] töten, umbringen; ausrotten, vernichten
uccisi, -so *s.* **uccidere**

udire 38 ▼ hören, vernehmen; erhören
uguagliare 14 ▼ gleichmachen, angleichen; gleichstellen
ululare 12 ▲ heulen
umiliare 14 ▼ demütigen, erniedrigen; dämpfen, unterdrücken
ungere (*ausil.:* **avere**) 29 [24] einfetten, ölen; eincremen
unificare 10 ▲ (ver)einigen; vereinheitlichen
unire 34 ▲ verbinden, vereinigen, zusammenfügen
unsi, unto *s.* **ungere**
uscire 39 ▲ hinausgehen; herauskommen; aussteigen; ausgehen; erscheinen
usufruire 34 ▲ nutznießen

V

va *s.* **andare**
vado *s.* **andare**
vagliare 14 ▼ abwägen, prüfen; sieben
vai *s.* **andare**
valere 26 ▼ gelten; können, fähig sein; wert sein
valgo *s.* **valere**
valicare 10 ▲ übersteigen, überschreiten, passieren
valsi, valso *s.* **valere**
vangare 10 ▼ umgraben, umstechen
vanno *s.* **andare**
varcare 10 ▲ überschreiten
variare (*ausil.:* **avere/essere**) 14 ▼ verändern
varrò *s.* **valere**
vedere 27 ▲ sehen; ansehen, betrachten; besichtigen; durchsehen
vegetare 12 ▲ wachsen; (dahin)vegetieren
vegliare 14 ▼ wachen bei; wach sein
veleggiare 11 ▼ segeln; segelfliegen
vendicare 10 ▲ rächen
venerare 12 ▲ verehren
vengo *s.* **venire**
venire 39 ▼ kommen; (an)kommen; abstammen; fallen
venni *s.* **venire**
ventilare 12 ▲ lüften; vorschlagen
venuto *s.* **venire**
verdeggiare 11 ▼ grünen
verificare 10 ▲ (nach-, über)prüfen, kontrollieren
verniciare 12 ▲ lackieren, streichen
verrò *s.* **venire**
vestire (*ausil.:* **avere**) 33 anziehen, (an)kleiden; anhaben, tragen
viaggiare 11 ▼ reisen; fahren
vidi *s.* **vedere**
viene, vieni *s.* **venire**
vigilare 12 ▲ überwachen; wachen
vincere 32 [53] gewinnen; besiegen; überwinden, meistern
vinsi, vinto *s.* **vincere**
visitare 12 ▲ besuchen; besichtigen; untersuchen
vissi *s.* **vivere**
vissuto *s.* **vivere**
visto *s.* **vedere**
vivere 27 ▼ leben
viziare 14 ▼ verwöhnen, verziehen
vogli, voglia *s.* **volere**
voglio *s.* **volere**
volere 8 wollen, wünschen; mögen; verlangen; fordern
volgere 32 [54] lenken, wenden
volli *s.* **volere**
volsi, volto *s.* **volgere**
voltolare 12 ▲
vomitare 12 ▲ (er)brechen; (aus)brechen; sich erbrechen
vorrò *s.* **volere**
votare 9 abstimmen
votare *s.* **vuotare**
vuoi *s.* **volere**
vuole *s.* **volere**
vuotare 13 ▲ leeren

Z

zincare 10 ▲ verzinken
zoppicare 10 ▲ hinken, humpeln; lahmen, hinken
zufolare 12 ▲ pfeifen